# Receitas & Estórias

Octávio Viana

 SILENT PEN®

© 2024 Octávio Viana | Silent Pen
RECEITAS & ESTÓRIAS

Publicado em Portugal
Primeira impressão 2023
3.ª Edição

Todos os direitos reservados. Nenhuma parte desta publicação pode ser reproduzida, distribuída ou transmitida de qualquer forma ou por qualquer meio, incluindo fotocópia, gravação ou outros métodos eletrónicos ou mecánicos, sem a permissão prévia por escrito do editor, exceto no caso de breves citações incorporadas em revisões críticas e outros usos não comerciais permitidos pela lei dos direitos de autor.

*A todos que anseiam por experiências nos corações,
em vez de elogios em pedra fria e dura.*

# Prefácio

Representar em filmes e telenovelas, apresentar programas de televisão e até mesmo executar receitas de culinária faz parte de mim, mas escrever um prefácio de um livro como este é um desafio.

Embora viva há muitos anos em Miami, nos Estados Unidos, nasci no Uruguai, um país com uma culinária rica e uma cultura gastronómica bastante enraizada nas tradições, especialmente em tudo que seja ligado à terra e à pecuária. Os pratos de carne, como a *parrilada* ou as *milanesas*, dominam a cozinha uruguaiana, certamente porque as carnes produzidas no Uruguai são consideradas como uma das melhores do mundo. Mas a influência italiana também se faz sentir na culinária uruguaiana, nomeadamente os *gnocchi alla sorentina*, iguais aos da receita que o Octávio apresenta neste livro, e que eu costumo preparar para a minha filha Mila – que adora.

Vivi também no Brasil, quando participei, ao lado de Antônio Fagundes, na telenovela *Vale Todo*, onde Germán Barrios interpretava, curiosamente, o papel de Octávio, e quando interpretei a personagem Madalena, na telenovela da TV Globo, *Kubanacan*. Por isso, também tenho no palato a mistura dos ingredientes indígenas, africanos e europeus, inclusivamente com forte influência dos portugueses e dos escravos oriundos de África. A feijoada à brasileira é um exemplo disso, ou a culinária caipira de São Paulo, onde a colonia italiana teve a sua influência com a introdução de massas e da *pizza*.

Este livro do Octávio tem fantásticas estórias, partes da vida dele, sempre tão intensa e alegremente preenchida, incluindo paixões e aventuras extraordinárias. Ao mesmo tempo, com imensa graça e mestria, o Octávio mistura esses trechos de vida com a gastronomia, com forte incidência na culinária italiana, que eu tanto aprecio e que também cozinho. Fá-lo, tanto para os pratos principais, como o *tagliolini* com *taleggio* e trufa preta de Alba, como para as sobremesas típicas como é o caso do *tiramisù* ou da *cassata siciliana*.

Já sabia das ligações e preferências do Octávio por Itália, tanto que há muito que temos a promessa de uma viagem juntos por esse maravilhoso país, para descobrimos os prazeres da sua diversa cozinha e da sua incrível beleza arquitetónica – não conheço ninguém melhor que o Octávio para essa aventura italiana.

Sei como ele se mexe intimamente naquele país, as amizades que tem sedimentado naquelas andanças – o Octávio é um conector de pessoas – e o conhecimento que tem da gastronomia e dos locais menos conhecidos que oferecem fabulosas oportunidades de experimentar o melhor que Itália tem para oferecer em termos gastronómicos.

Este livro é um pouco dessas duas coisas, gastronomia e estórias de amizades bem sucedidas e muito daquilo que é o Octávio. É isso que o leitor pode encontrar aqui.

Há no entanto um capítulo que me liga muito forte à estória, que é a receita da salada de *mozzarella* e salmão fumado, não por ter experimentado tal iguaria, mas porque se trata da estória de um dia excecional que passei com o Octávio quando o visitei em Portugal, no Porto, após um pequeno desvio que fiz de Espanha onde estava em trabalho.

O excelente dia que passei com o Octávio, a descobrir a cidade maravilhosa que é o Porto, e que está em parte descrito nesse capítulo, permite-me dizer que por trás de cada simples receita, está uma bonita, intensa e sempre apaixonante estória – toda a receita é uma bela estória. Essa asserção é verdadeira para todos os outros capítulos, pois são as estórias intensas e bonitas que tornam todas as receitas, até as mais simples, como os tomates provençais ou o *zabaglione siciliano*, em verdadeiras delícias.

Eu, quando cozinho, faço-o com paixão e intensidade, pois só assim podia ser. Isso implica que procure incansavelmente pela melhor técnica e sempre pelos melhores ingredientes. Mas o maior prazer vem quando posso partilhar isso tudo com os meus amigos e como a minha filha Mila.

## RECEITAS & ESTÓRIAS

É esse tipo de intensidade, paixão e partilha que encontro nas estórias do Octávio que se revelam por trás de cada receita. Sem preocupação com a técnica, o Octávio depura as receitas como quem conta estórias, ligando-as à vida, mais do que à execução ou estilo. Mas reconhecer-se-á certamente, o que interessa, tanto na gastronomia como nas relações, é a vida, que se sobrepõe sempre a quaisquer prurido dogmático ou estado de arte.

Até porque a simplicidade e a vida própria das receitas deste livro em nada deturpam a execução técnica das mesmas, mas, mesmo que assim não fosse, a verdade é que, quando a execução não estiver de acordo com a vida própria das receitas e os seus produtos, é a técnica que tem de mudar, não o contrário.

Desejo-vos uma boa leitura e boas experiências culinárias.

Nadia Rowinsky[1]

---

[1] A Nadia Rowinsky é uma apresentadora, atriz, repórter e escritora formada na EMAD (escola de atuação) de Buenos Aires, que trabalha na rádio, no teatro e na televisão desde criança. No seu país natal, o Uruguai, foi pioneira na reportagem desportiva, isto numa altura em que as mulheres ainda não eram consideradas neste trabalho. Cobriu eventos desportivos ao redor do mundo, o que a levou a apresentar os Jogos Olímpicos de Atlanta para a rede *Telemundo*. Fazendo já parte das fileiras da *Telemundo* como figura da rede nos Estados Unidos da América, deixou o jornalismo para ingressar na icónica telenovela colombiana *Pedro el Escamoso*. A sua brilhante atuação nessa telenovela levou-a para a *O Globo* no Brasil, onde seria a primeira atriz estrangeira a fazer parte do elenco de uma telenovela, a *Kubanacam*, e depois da mini série *Carga Pesado*. No entanto, a sua paixão por informar e entreter leva-a para o México, onde faz parte da equipe de reportagem desportiva da *Azteca deportes*. Mais tarde retorna a Miami para apresentar o programa matinal *Romance FM* e trabalhar na televisão local como apresentadora de notícias matinais. Esta talentosa e reconhecida atriz e apresentadora de televisão é ainda uma excelente e divertida cozinheira e mãe de Mila.

# Prólogo

O Octávio apareceu-me à porta quando eu estava a preparar-me para deitar. Desde que me mudei para a Vinagra, no Alentejo, em isolamento total e com a intenção de fazer agricultura biológica, que me deito com as galinhas e acordo com elas. Por isso foi com surpresa que vi o Octávio, o Resende Sá e mais dois amigos que não conhecia, ali, no meio do nada, no Alentejo profundo.

"Podemos jantar?" Perguntou-me o Octávio.

"Jantar!? Mas não tenho nada para jantar," respondi honestamente e preocupado.

"Não é preciso. Tenho tudo o que é necessário. Até vinho," retorquiu o Octávio, a sorrir, enquanto tirava as sacas de compras do imaculado Porsche 911 Targa 4 GTS do Resende Sá que, sem pudores ou medo das poeiras e lamas, tinha galgado as estradas de terra batida dos montes Alentejanos até alcançar o meu retiro no esplendoroso e harmonioso Alentejo.

A verdade é que foi muito divertida a visita surpresa e o magnífico jantar que todos ajudaram a confecionar, cujo serão se arrastou até depois da uma da manhã.

O Resende Sá estava entusiasmadíssimo com o lançamento do último álbum da sua filha, a Sofia Sá, que às 19 horas tocava diretamente no *Spotify*. Todos ouvimos as novas músicas da Sófia enquanto cozinhávamos.

Lembro-me do Marreiros, um dos simpáticos amigos que acompanhava o Octávio e o Resende Sá e que eu acabará de conhecer, com os seus quase 2 metros de altura e de imponente porte, a assar os chouriços de porco preto num pequeno assador de barro com álcool etílico, por forma a garantir o jantar perante uma eventual falha da culinária italiana do Octávio.

Riu-me quando me lembro do Resende Sá a oferecer uma pequena mão de pinhões ao enorme Marreiros, a jeito de sobremesa, para completar aquele jantar. O Octávio tinha-se lembrado de tudo ao pormenor, menos da sobremesa.

"Ao menos uma laranjinha," disse alguém a reclamar a sobremesa.

Escrever o prólogo de um livro de receitas foi o pedido inusitado do Octávio Viana durante o jantar, o que me espantou por três razões: uma, porque lhe foi possível constatar que só sei estrelar ovos e mal; duas, porque o prefácio do livro era escrito por uma verdadeira escritora e atriz e das boas, a Nadia Rowinsky; três, pelo interesse do Octávio num livro deste tipo.

O Octávio é um génio e como todos os génios tem a facilidade de ter interesses totalmente dispares, pelo que, na verdade, esta terceira razão nem me devia espantar.

Talvez por causa do vinho Alentejano, que o Octávio insistiu que fosse servido nos copos austríacos da *Riedel*, que ele me tinha oferecido no verão, numa outra visita de alguns dias à Vinagra, e da conversa animada, aceitei o desafio. Afinal de contas, aquele jantar improvisado e a conversa fluída e divertida junto à lareira eram o prólogo de mais uma aventura do Octávio, tanto gastronómica como com amigos, idêntica a tantas outras que ele descreve com grande intensidade e paixão em cada um dos capítulos deste livro.

Sentados nos sofás, à lareira, falávamos de tudo: negócios; dos meus projetos para a Vinagra; das aplicações de grafeno dos parceiros italianos do Octávio e da sua irmã; da recente e já com obra feita associação de consumidores Citizens' Voice, das aquisições recentes do Resende Sá; do imobiliário; das crises financeiras; dos meus anos ligados à finança e à gestão de ativos; nas peripécias dos tribunais do Sérgio Cirino enquanto advogado e da sua experiência na politica; e, finalmente, sobre a importância da gastronomia para caracterizar diferentes classes sociais.

Como exemplo, naquela conversa animada entre copos de um excecional *Pêra-Manca*, da Fundação Eugénio de Almeida, contou-se a seguinte história, em que dois amigos conservavam:

"Hoje fui a um restaurante *gourmet*," disse um.

"Aí sim e então?" Perguntou o outro.

"O meu almoço foi camarão envolvido em molho *bechamel*, com pequenos apontamentos de salsa frisada australiana, em cama de massa fina banhada em pão ralado crocante e confitada num óleo vegetal."

"O quê!? Mas que porra é que tu comeste?"

"Um *rissole*."

Muito nos rimos, apesar desta história satirizar as diferenças entre a *haute cuisine* ao alcance das classes mais abastadas e as açordas que se comem no Alentejo. Diferente gastronomia para diferentes classes sociais.

Puxei a conversa para o lado mais histórico e curioso, certo que poucos sabiam que tinham sido os portugueses a introduzir o picante no mundo. Os portugueses foram buscar a planta à floresta amazónica, de onde é originaria e levaram-na para Africa e para a India. Apesar de hoje ser vulgar na comida indiana, a realidade é que os indianos não usavam o *capsicum frutescens*, o famoso piripiri antes da chegada dos portugueses. Como seria hoje a culinária sem a intervenção dos portugueses? Monótona certamente, se considerarmos que a dieta medieval era limitada à base de pão de trigo ou centeio, de legumes, essencialmente couves, e algumas frutas, como as castanhas, os marmelos, as maçãs e as uvas.

Foi graças aos portugueses e à Era do Descobrimentos que a gastronomia foi enriquecida com numerosos produtos vegetais oriundos de outros continentes. A cana de açúcar trazida da Asia passou a ser cultivada na Madeira e no Algarve revolucionando a doçaria portuguesa. Por falar em doçaria não posso deixar de fazer referencia à laranja doce, trazida da Índia por mercadores portugueses. A sua cultura foi um sucesso por toda a Europa do Sul, acabando por serem identificadas como *portuguesas* em vários países, nomeadamente em Itália cuja cozinha é profusamente referenciada pelo Octávio neste livro.

Tirando este interesse histórico sobre as evidências botânicas das trocas de plantas entre continentes no período dos Descobrimentos, o meu interesse na comida e nas suas receitas centra-se na sua vertente lúdica, que representa para mim a sua forma mais simples: sobrevivência. A sobrevivência ligada à alimentação do corpo e a da alma, com boa companhia, no reforço dos laços humanos, tal como proporcionou o jantar inesperado na Vinagra. A comida une as pessoas através do afeto e essa união sai certamente reforçada pelos sabores e experiências.

A cozinha italiana é uma das mais populares e por boas razões: é simples e deliciosa. Nessa noite, no Alentejo, que serve de partida à leitura deste livro, foi-me possível constatar que é possível organizar uma festa, um jantar de amigos, em muito pouco tempo e quase de improviso, com deliciosos pratos italianos, preparado pelo meu querido amigo Octávio e onde todos demos uma ajuda. As receitas sempre foram passadas boca a boca e este livro não é diferente. Este livro é o resultado das experiencias pessoais do Octávio, todas com um principio, um meio e sempre um final feliz.

O livro não tem pretensões de ser um retrato fiel da culinária italiana, com o seu *risotto*, a sua *pasta alla genovese*, as suas *bruschette*, o maravilhoso e doce *tiramisù*, o muito simples e rápido de preparar *zabaglione*, os *gnocchi* de Sorrento, nem da culinária francesa, com os simples tomates provençais, a sofisticada lagosta com espargos em manteiga de baunilha, ou os *concombres et oeufs de saumon*, ou mesmo o doce conventual português do convento de Odivelas. Este livro é simplesmente uma viagem inspirada pelos sabores e pela experiência vivida e ancorada nos elaborados rituais à volta mesa, que o Octávio tão bem soube explorar nesta obra, sempre acompanhada por fabulosas estórias e companhias.

São receitas simples e fáceis de confecionar, mesmo para ignorantes em cozinha como eu.

Bom proveito!

Paulo Pinto[2]

---

[2] O Paulo Pinto esteve mais de 30 anos ligado ao mundo da alta finança, tanto como cofundador da *ATM - Associação de Investidores* e seu presidente entre 1999 e 2003, como administrador da *DIF Broker – Sociedade Financeira de Corretagem*, presidente do Conselho de Administração da *Emerging-Trade*, vogal da Administração da *Fincor*. Foi ainda diretor da revista *Dinheiro* e colunista do *Independente*, do *Semanário* e do *Jornal de Negócios*. Tem vários livros publicados sobre economia e mercado de capitais. Atualmente dedica-se ao *Alti Wine Exchange*, a primeira plataforma dedicada à negociação de vinhos enquanto investimento em ativos alternativos, e à *Vinagra Village*, um *eco-friendly resort* inserido na paisagem selvagem de Viana do Alentejo, em Portugal.

# RECEITAS & ESTÓRIAS

# Introdução

A culinária tem tudo a ver com sabores, aromas, apresentação e, para mim, mais importante, com as memórias que cada um destes sentidos suscita.

Por isso, este livro de receitas, mais não é que um compilar e partilhar dessas memórias por intermédio de estórias, aventuras, locais, pessoas, ingredientes, culturas e, finalmente, por sabores e aromas.

Aqui, vão encontrar as minhas receitas favoritas, desde o *risotto* da Paola ao *tiramisù* da pastelaria Nascimben misturado com a mousse de chocolate da avó Tininha, herdada pela Inês, até ao fabuloso *gelato cremino*, todas forradas por memórias de uma vida deliciosa, vivida por aqui e por ali, sempre com as melhores pessoas que algum dia tive o privilégio de conhecer e privar.

O mais importante, é que não sendo eu um *chef* e nem, tão pouco, um versado na arte culinária, estas receitas são simples, fáceis de fazer e, por isso, acessíveis a qualquer pessoa, não deixando, contudo, de serem pratos espetaculares de levar a qualquer mesa.

A maioria das receitas têm uma forte influência da cozinha italiana, desde a Sicília, gastronomicamente diversa e multicultural, fruto das inúmeras invasões, nomeadamente as gregas, em 734 a.C., e das normandas, em 1091 d.C., até à Emilia-Romagna, considerada a região com melhor comida do mundo pelo crítico gastronómico David Rosengarten e onde passei muitos bons anos da minha vida. Também a cozinha francesa encontra respaldo nestas receitas, desde a frescura do sul do país, em Provence, até à eterna cidade do amor, Paris. Por fim, a doçaria conventual portuguesa, marcadamente na minha infância, ocupa lugar neste livro.

RECEITAS & ESTÓRIAS

## §1

## *Risotto ai funghi porcini con tartufo bianco*
O *risotto* da Paola, Vicenza, Itália

A neblina de Veneza envolveu-me assim que os meus pés tocaram o seu solo. Um ano antes, em 2019, o aeroporto vibrava com 11,6 milhões de pessoas, mas agora, estava abandonado—um testemunho silencioso da sombra lançada por um inimigo invisível, o SARS-CoV-2.

Desapareceram os ecos animados dos viajantes, substituídos pelo silêncio arrepiante que o frio de dezembro frequentemente traz. O punhado de almas corajosas que se aventuravam usavam máscaras protetoras e os seus passos ecoavam o ritmo da cautela. Moviam-se como fantasmas, sombras dos seus antigos eu, mantendo a distância sagrada, talvez não apenas do vírus, mas do espetro do próprio medo.

A tristeza parecia ter-se instalado ali, pois até mesmo as luzes normalmente vibrantes diminuíram até à obscuridade. Como era cruel a estação, a testar a nossa coragem e resiliência diante da natureza de temperamento gelado.

Ansioso por escapar desse quadro assombrado, dirigi-me ao cais do *ferry*. Lá, naquele espaço de quinze pontos de embarque, apenas um barco solitário estava ancorado, um ponto sereno fora do comum em tempos que outrora foram agitados. O capitão, absorto no seu próprio mundo das espirais fumegantes do cigarro, saudou a minha aproximação ao cobrir o rosto e a descartar a pequena pirisca.

A cidade, tanto no continente quanto as suas ilhas dispersas, era um fantasma de si mesma, os poucos restaurantes abertos fechavam cedo, às seis da tarde, exceto os dos hotéis que atendiam a sua escassa clientela.

A minha jornada levar-me-ia através desta paisagem mudada, de uma visita a Veneza a uma reunião em Desenzano del Garda. Este percurso era mais do que uma mera série de destinos; era uma peregrinação ao coração de queridos amigos, o Enrico e a Paola, na província de Vicenza.

Eles conheciam bem das minhas inclinações culinárias – uma paixão fervorosa pelas trufas brancas de Alba, os sabores ousados do vinho Amarone, a alquimia paciente de preparar um *risotto* e a simples alegria do *gelato* artesanal. Assim, planearam uma noite que prometia ser inesquecível, não apenas pela explosão de gostos e aromas, mas pelo calor da sua hospitalidade no meio de uma noite tempestuosa, tudo num cenário surreal de um mundo dominado pela pandemia.

A história das trufas nas suas vidas era tão rica e texturizada quanto os próprios fungos. A busca do Enrico pela radiante Paola foi marcada por um presente de uma caixa de madeira que acomodava duas trufas pretas robustas e a sua estimada contraparte branca, todas de Alba – um gesto que transformou uma reunião de negócios no início de uma vibrante estória de amor que perdura até hoje.

À medida que o outono se transforma no inverno, a terra enriquecida pela chuva torna-se num terreno fértil para o surgimento de cogumelos e trufas requintadas, florescendo em harmonia com as árvores decíduas que povoam os campos – aveleiras, carvalhos e salgueiros. Este espetáculo natural é mais abundante em Piemonte, onde a trufa branca de Alba, uma joia procurada por entusiastas da culinária em todo o mundo, comanda preços exorbitantes por apenas alguns gramas da sua essência aromática.

A busca pela trufa branca de Alba, a joia da coroa do outono piemontês, atinge o seu auge no festival internacional dedicado a este tesouro culinário. Este fungo elusivo, emblemático do luxo e do prazer epicurista, pode viajar por continentes durante a noite, em correios expresso, acomodado no gelo e na escuridão, para adornar pratos longe do seu solo nativo.

É assim começa a narrativa deste livro – uma viagem pelos reinos do sabor e do aroma e também pela própria alma dos lugares e dos seus habitantes, uma celebração da capacidade duradoura das tradições culinárias de nos ligar e cativar a todos.

## Ingredientes

1. Arroz *Arborio* (ou *Carnaroli*), 350 g;
2. Trufa branca de Alba (*tuber magnatum pico*), 20 g;
3. Caldo de legumes, 1 litro;
4. Cogumelos *porcini* secos (*boletus edulis*), 100 g;
5. *Parmigiano Reggiano* DOP, 60 g;
6. Manteiga sem sal, 50 g;
7. Azeite extra virgem, 14 g;
8. Pimenta preta em grãos inteiros, a gosto;
9. Flocos de sal marinho, a gosto.

## Preparação

Caldo de legumes:

a) Começamos, logicamente, com o caldo de legumes;
b) Para o caldo, primeiro, devemos adicionar 1 litro de água ao aipo, cenoura, cebola dourada, tomate, azeite extra virgem, cravo, salsa, pimenta preta moída na hora e flor de sal;
c) Coloque a cebola cortada ao meio numa frigideira quente durante cinco minutos; vire-a para dourar uniformemente de todos os lados;
d) Depois de dourar, coloque a cebola, os restantes legumes e a salsa numa panela. Adicione o azeite e tempere com pimenta e cravo. Se quiser um caldo de carne, pode adicionar uma coxa de frango com pele;
e) Adicione 3 litros de água e deixe reduzir por duas horas em lume médio;
f) Após duas horas, adicione mais 1 litro de água e deixe ferver em lume médio por mais uma hora;
g) Por fim, retire os legumes, a salsa e o cravo (e o frango, se o tiver adicionado) da água do caldo e adicione uma pitada de sal marinho.

Agora, vamos passar para o *risotto*.

*Risotto*:

a) Coloque 14 g (uma colher de sopa) de azeite extra virgem numa frigideira;
b) Quando o azeite estiver quente, adicione o arroz e deixe cozinhar por cerca de 4 minutos em lume médio até ficar ligeiramente dourado;
c) Adicione uma concha de caldo e, sempre que evaporar, adicione outra;
d) Adicione um pouco de sal marinho;
e) Quando o *risotto* estiver quase *al dente*, retire do lume, adicione a manteiga sem sal e mexa delicadamente até incorporar;
f) Em seguida, rale o queijo *Parmigiano Reggiano* DOP sobre o *risotto* e mexa delicadamente;
g) Adicione os cogumelos secos;
h) Deixe o *risotto* descansar por cerca de 3 minutos e está pronto a servir;
i) À mesa, sirva o *risotto* e raspe as finas fatias de trufa branca de Alba por cima com um cortador de trufas adequado;
j) Para acompanhar, pode servir um belo vinho tinto como Amarone della Valpolicella Classico ou Barolo.
k) É um excelente prato para dias frios e corações quentes.

**Notas**

a) Nunca deve coar o caldo;
b) O processo de preparação, principalmente a preparação do caldo, pode ser demorado;
c) Se não tiver trufas brancas, considere substituir por outros ingredientes saborosos como cogumelos salteados, azeite de trufa ou até queijos de alta qualidade.

## §2

## Le sfogliatine con crema al pistacchio
A sobremesa da Mariangela, Viareggio, Itália

O terraço panorâmico do Grand Hotel Principe di Piemonte oferecia uma vista inigualável do mar, envolvendo os hóspedes numa atmosfera de beleza e exclusividade de tirar o fôlego. A Mariangela, conhecida pelo seu gosto impecável em restaurantes, tinha escolhido o Il Piccolo Principe pela sua vista deslumbrante à beira-mar e pela oferta gastronómica inigualável. A piscina do restaurante, com paredes altas e uma cascata, enquadrava o mar, criando um cenário de verão perfeito.

Enquanto sentia no meu rosto a suave carícia da brisa do mar, não pude deixar de apoiar a escolha da Mariangela, "este restaurante é verdadeiramente esplêndido. A vista para a praia é simplesmente magnífica."

"*Per favore, signora, al tavolo vicino alla piscina*," o empregado fez um gesto, conduzindo-nos à nossa mesa.

Acomodamo-nos ao lado da piscina, com o nosso olhar a capturar a extensão encantadora do mar.

"Começamos com frutos do mar? Posso escolher o vinho?" Perguntei.

"Claro. Vamos pedir uma *calamarata*. Parece-te bem?" Propôs a Mariangela.

Concordei, a minha atenção momentaneamente capturada pelo empregado enquanto ele servia água nos nossos copos, com a luz a refletir na superfície num padrão calmante e rítmico. "Vamos em frente, pois estou faminto e preferiria não me encher de aperitivos e pão," respondi, disfarçando rapidamente a minha fome com um pouco de manteiga num pedaço de pão.

A carta de vinhos impressionou-me pela sua variedade. "Devo admitir que esta lista de vinhos é verdadeiramente notável, com uma enorme variedade de escolhas. Que tal um da região da Campania, no sul?" Ponderei, mordiscando o pão com manteiga.

Virando as páginas, encontrei a escolha perfeita. "*Furore Bianco Fiorduva* 2013, por favor," pedi.

Enquanto o empregado assentia e ia buscar a nossa garrafa, virei-me para a Mariangela, ansioso por partilhar a estória por trás da nossa escolha de vinho. "*Furore*, ou *Terra Furoris* do latim terra da fúria. Este vinho, criado nos socalcos íngremes do Fiordo di Furore, carrega a essência da terra e também estórias de paixão e drama", expliquei. "O Fiordo di Furore é incrível e está intimamente ligado com a estória do apaixonante caso de Roberto Rossellini e Anna Magnani."

"Sim, é verdade. Faz-me lembrar que a comida e o vinho não são apenas sobre sabor, mas sobre as estórias e memórias que evocam."

As palavras da Mariangela tocaram-me. A menção de estórias e memórias a servirem de ponte suave do nosso prazer presente aos ecos do passado.

A Mariangela fez uma pausa, com o garfo no ar, como se decidisse se cruzaria o limiar para um território mais pessoal. Então, com um suspiro suave, ela começou: "uma vez, namorei um *private chef*. Aqueles momentos na cozinha eram mágicos," a sua voz carregava uma mistura de nostalgia e tristeza, convidando-me para os reinos íntimos do seu passado.

Com um sorriso provocador, respondi-lhe, "ah, vocês nutriram-se em todos os sentidos!" Depois, mais a sério, perguntei, "então, por que acabou?"

A Mariangela suspirou, com a voz carregada de arrependimento. "Os nossos caminhos divergiram. As nossas origens, os nossos círculos sociais eram muito diferentes. Quando as nossas famílias se envolveram, o nosso relacionamento não sobreviveu."

"Imagino como essa mágoa é profunda", disse eu, compreendendo a sua dor.

A Mariangela partilhou a sua jornada de Vicenza a Milão e depois a Barcelona. "Ele estava desejoso para explorar a culinária catalã. No entanto, o seu espírito livre e o desprezo pela propriedade impediram-no de se estabelecer com um restaurante", revelou ela, com a voz cheia de saudade.

Não resisti a intervir, "deixa-me adivinhar, por acaso o nome dele é Lorenzo?"

Mariangela parecia confusa. "Quem é o Lorenzo?"

Um sorriso apareceu no meu rosto enquanto partilhava a minha suspeita. "Imaginei que te estivesses a referir ao Lorenzo Battistello, o primeiro concorrente italiano do Grande Fratello. Conheci-o em Barcelona; ele também é *private chef* com raízes em Vicenza e mais tarde mudou-se para Milão. Agora, vive com uma oftalmologista."

"O nome dele é Matteo. Não nos falamos desde a nossa separação. A única coisa que me resta é uma receita de sobremesa que faço em ocasiões especiais", confessou a Mariangela, com a voz embargada pela emoção. "É simples, mas incrivelmente popular."

Intrigado, perguntei, "o que leva?"

"A sobremesa?" A Mariangela parecia surpresa.

"Sim. A que o Matteo te ensinou e que é assim tão impressionante?" Perguntei, impulsionado pela minha curiosidade persistente.

Com um brilho brincalhão nos olhos, a Mariangela tirou uma caneta e um papel da sua bolsa, estendendo-os na minha direção. "Chama-se *pasta sfoglia*. Vou partilhar contigo a receita. Talvez um dia possas prepará-la para mim ou para uma das tuas outras conquistas," sugeriu, como o seu riso acrescentar encanto ao momento.

Na cozinha gourmet do Il Piccolo Principe, o *Chef* Giuseppe Mancino, natural de Salerno, orquestrou uma sinfonia culinária. A sua experiência com Alain Ducasse no Louis XV, no Mónaco, dizia muito.

Foi nesse ambiente, sentindo a brisa marinha no rosto, enquanto desfrutava de uma típica *calamarata* napolitana para o almoço, com um toque *gourmet* de espargos, acompanhada por um vinho *Furore Bianco Fiorduva* de 2013, que a Mariangela partilhou comigo a sua receita simples, mas deliciosa.

## Ingredientes

*Pasta sfoglia*:

1. Farinha, 300 g;
2. Manteiga sem sal, 40 g;
3. Manteiga pronta para massa folhada pronta a usar, 220 g;
4. Água, 120 g;
5. Flor de sal, 6 g;
6. Açúcar de confeiteiro, q.b.

*Crema di pistacchio*:

1. Leite gordo fresco, 320 ml;
2. Gemas de ovo, 34 g;
3. Açúcar, 120 g;
4. Amido de milho, 50g
5. *Pistacchi di Bronte DOP*, 60 g;
6. Flor de sal, 3g.

*Salsa alla carota*:

1. Leite gordo fresco, 50 g;
2. Natas frescas com mínimo de 40 % de matéria gorda, 40 g;
3. Açúcar, 15 g;
4. Gema de ovo, 15 g;
5. Puré de cenoura cozida, 35 g;
6. Vinagre balsâmico de Modena, 1g.

*Salsa all'anice stellato*:

1. Leite gordo fresco, 75 g;
2. Natas frescas com mínimo de 40 % de matéria gorda, 45 g;
3. Açúcar, 15 g;
4. Gemas de ovo, 34 g;
5. Anis estrelado, 1 g;
6. Pau de canela.

## Preparação

*Pasta sfoglia*:

a) Misturar os ingredientes com uma batedeira elétrica, usando o gancho para massas, até obter uma massa homogénea;
b) Estender a massa com um rolo;
c) Cortar em tiras de 10 cm por 15 cm;
d) Enrolar em forma de cone (tubo);
e) Levar ao forno a 170°C durante 15 minutos;
f) Polvilhar com açúcar em pó e levar ao forno por cerca de 2 minutos a 220°C até caramelizar.

*Crema di pistacchio*:

a) Triturar os *pistacchio di Bronte* DOP até obter uma pasta;
b) Bater as gemas com o açúcar usando uma batedeira elétrica com as varas, em velocidade média, até a mistura ficar esbranquiçada e fofa;
c) Adicionar o amido de milho e bater com a batedeira em velocidade baixa, certificando-se de que não há grumos;
d) Colocar a mistura num tacho e levar ao lume médio, mexendo sempre com um garfo até ferver.
e) Assim que ferver, desligar o lume e deixar o creme cozer por mais um minuto;
f) Adicionar a pasta de *pistacchio*, o sal marinho e misturar bem.

*Salsa alla carota*:

a) Descascar e cortar as cenouras em pedaços;
b) Cozinhar as cenouras;
c) Triturá-las até obter um puré homogéneo;
d) Bater as gemas com o açúcar usando uma batedeira elétrica com as varas, em velocidade média, até a mistura ficar esbranquiçada e fofa;
e) Adicionar o puré de cenoura e bater bem com a batedeira na velocidade máxima;

f) Adicionar as natas frescas à mistura anterior num tacho e levar ao lume brando, mexendo bem até ferver.

*Salsa all'anice stellato*:

a) Bater as gemas com o açúcar usando uma batedeira elétrica com as varas, em velocidade média, até a mistura ficar esbranquiçada e fofa;
b) Num tacho, adicionar as natas frescas, o anis estrelado e o pau de canela à mistura anterior e levar ao lume brando, mexendo bem até ferver.

**Empratamento**

Depois de deixar repousar tudo no frigorífico, por pelo menos 12 horas:

a) Colocar duas colheres de sopa de molho de cenoura num prato;
b) Colocar a *crema di pistacchio* dentro do tubo de massa folhada;
c) Colocar o tubo com a *crema di pistacchio* por cima do molho de cenoura;
d) Colocar o molho de anis estrelado por cima do cone com a *crema di pistacchio*;
e) Servir acompanhado de um *sorbetto* de framboesa caseiro e um copo de licor de *crema di pistacchio* ou vinho do Porto *Tawny*.

**Notas**

a) A receita sugere servir a sobremesa com *sorbetto* de framboesa caseiro e um acompanhamento de bebida específico. Sinta-se à vontade para ajustar estes elementos com base nas suas preferências e disponibilidade;
b) Considere praticar componentes individuais, como os cones de massa folhada ou os molhos, antecipadamente para garantir o sucesso na montagem final.

## §3

### Mousse de queijo ricotta, licor Mistra e cafe em po
A sobremesa da Ilaria, Salerno, Itália

A minha jornada começou depois de um dia esplêndido a passear pela Costa Amalfitana, enfeitiçado pela sua beleza, com um refrescante *sorbetto* na mão. Ao cair da noite, encontrei-me no estacionamento do Lloyd's Baia Hotel, onde fui recebido pela Ilaria e pela sua maravilha clássica, um *FIAT Abarth 124 Spider Cabrio rally edition* de 1975, uma herança do seu pai, rugindo com 128 cavalos de potência sob o *capot*.

O nosso itinerário estava repleto de compromissos, primeiro com um conhecido suíço em Castelmezzano e depois com os compatriotas da Ilaria em Polignano al Mare, o que exigia uma travessia pelo pitoresco calcanhar de Itália. No entanto, naquele final de tarde, acelerei em direção a Ravello.

O som que emanava do escape duplo daquele pequeno Fiat era música ao longo daquelas estradas sinuosas e paisagens de tirar o fôlego até ao topo.

O sol descia lentamente, lançando um tom dourado quente sobre a paisagem. As sombras dançavam ao longo da costa, criando um magnífico contraste entre o dourado e o negro. Deliciámo-nos com as vistas, absorvendo as paisagens deslumbrantes que nos rodeavam. A luz do dia que restava iluminava o mar, dando-lhe um brilho transcendente.

Jantamos no Rossellinis, um bastião da excelência culinária. Sob a magistral direção do *maestro* português, António, os hóspedes eram transportados para um reino digno da realeza dentro do *palazzo*. Instalados no terraço do Rossellinis, tivemos um lugar na primeira fila para a grande atuação do pôr do sol. Do nosso ponto de vista, a panorâmica desdobrava-se, revelando a majestade da Baía de Minori e os encantos escondidos de Maiori.

Com um copo de *Sassicaia* de 1995, um *blend* robusto de *cabernet sauvignon* e *cabernet franc* envelhecido em carvalho francês, a Ilaria partilhou desejos e a promessa de aventuras desconhecidas, tudo sob o olhar atento de um sol que descia lentamente.

À medida que passávamos para a sobremesa, os doces italianos tomaram o centro das atenções na nossa conversa. O que ficou gravado na minha memória, para além do banquete sumptuoso e da vista deslumbrante, foi uma sobremesa do pai da Ilaria: uma mousse de *ricotta* com *Mistrà* e café em pó.

Esta receita fácil une a rústica *ricotta* da periferia de Roma, o café em pó característico da cidade e a *Mistrà*, um digestivo tradicional italiano. O *Mistrà*, um clássico em Roma e no Veneto, tem as suas raízes na conquista por Veneza, em 1029, de Methoni, uma cidade grega. Os venezianos adotaram a essência da *Ouzo*, uma popular bebida grega na altura, rebatizando-a como *Mistrá*.

Com marcas como *Varnelli* e *Pallini* a liderar o mercado, a *Mistrà*, muitas vezes feita em casa, pode ser substituída por um licor de anis forte ou um Vinho do Porto Branco seco para dar um toque diferente. Para quem está de olho na dieta, a *Stevia* oferece uma alternativa doce sem culpa do açúcar.

## Ingredientes

1. Queijo *ricotta* (preferencialmente de cabra), 700 g;
2. Açúcar mascavado, 40 g;
3. Café moído intenso, 6 g;
4. Licor *Mistrà*, 20g.

## Preparação

a) Escorra muito bem o queijo *ricotta*, de preferência com um coador ou *passe-vite*;

b) Adicione ao queijo *ricotta* o açúcar e o licor *Mistrà* e bata com uma batedeira elétrica a baixa velocidade;

c) Adicione café em pó e bata até obter uma mistura homogénea;

d) Deixe repousar no frigorífico por pelo menos 12 horas;

e) Sirva, decorando a gosto, mas eventualmente com um pouco de cacau em pó por cima, acompanhado por um *gelato* de café ou *sorbetto* de pera.

## Notas

a) Pode experimentar diferentes sabores de café, como café expresso em pó, café instantâneo ou café aromatizado, por forma a obter diferentes variações;

b) Para adicionar uma textura mais rica, incorpore uma pequena quantidade de *chantilly* ou queijo *mascarpone* na mistura antes de refrigerar;

Esta sobremesa pode ser montada em taças individuais ou num recipiente maior.

# §4

## Torta di ricotta ai pistacchi

A *torta* da *pizzaria Al Canal*, Peschiera del Garda, Itália

Numa amena noite, propícia a façanhas gastronómicas, instalei-me na esplanada de uma pitoresca *pizzaria*, cuja vista era uma batalha entre a energia selvagem de um canal e as embarcações ancoradas, testemunho da tentativa humana de domar a natureza.

A Federica, numa tentativa extravagante de ser gastrónoma, levou-me ao coração de Peschiera del Garda, à *Pizzeria Al Canal* na Via Fontana. Esta cidade, conjugada junto à grandiosidade do Lago de Garda, uma das joias dos lagos de Itália, acolheu a nossa aventura culinária.

O nosso festim consistiu numa refeição simples, mas suntuosa, de *grissini*, *pizza* e o borbulhante *prosecco*.

Ao chegar a hora da sobremesa, a curiosidade levou-me ao acolhimento da cozinha, onde a matriarca dos sabores recomendou a *torta di ricotta ai pistacchi*. Esta sobremesa, meu caro leitor, foi nada menos que uma revelação, um bailado gustativo que dançava no paladar.

Avançando pelo tempo, após incursões diplomáticas no Mónaco e um breve romance com o charme chique de Milão, conduzi a Lamia, uma herdeira do charme monegasco, de volta ao paraíso culinário de Al Canal. Era uma noite sensual de setembro e a minha missão era única: apresentar-lhe a torta que antes tocara as minhas papilas gustativas como um *maestro*.

Ao chegar a hora da sobremesa, encontrei a arquiteta dos sabores a passear entre os seus clientes. Confessei a minha peregrinação pela maravilha com infusão de *pistacchi* e, por obra do destino, fomos presenteados com a última fatia, um símbolo partilhado de serendipidade.

Os anos passaram e, no meio do silêncio inquietante de um mundo dominado pela sombra da pandemia, procurei refúgio perto de Peschiera del Garda, no hotel *Ali del Frassino*.

A cidade, um fantasma do que fora, sussurrava estórias de isolamento provocado pela pandemia de SARS-CoV-2.

No entanto, o fascínio da torta chamou-me de volta à *pizzaria Al Canal*, um farol de calor numa noite sombria de inverno. A guardiã da cobiçada receita, um rosto familiar envelhecido pelo tempo mas resistente, estava lá, a sua presença tão reconfortante como a própria torta. Infelizmente, as estrelas não se alinharam e a torta não passou de uma memória. Mas, por reviravolta do destino, iniciou-se um diálogo e o segredo da torta foi-me concedido, um tesouro que agora guardo e partilho consigo em espírito de camaradagem culinária.

## Ingredientes

1. *Pistacchi di Bronte DOP*, 100 g;
2. *Ricotta* de cabra, 250 g;
3. Farinha "0", 250 g;
4. Açúcar mascavado, 200 g;
5. Fermento em pó, 16 g;
6. Ovos, 168 g;
7. Manteiga sem sal derretida, 100 g;
8. Flor de sal, 6 g.

## Preparação

a) Bata as claras com uma batedeira elétrica na velocidade máxima e acrescente o açúcar pouco a pouco;

b) Quando as claras batidas com o açúcar ficarem consistentes, junte as gemas, o fermento e a farinha e continue a bater na velocidade máxima;

c) Depois de bem escorrido o queijo *ricotta*, junte-o à mistura anterior e continue a bater a velocidade máxima;

d) Quando o *ricotta* estiver bem misturado, junte a manteiga e o sal, continuando a bater na velocidade máxima;

e) Por último, junte os *pistacchi* triturados quase no ponto de se transformarem em pasta e bata tudo na velocidade máxima, até conseguir uma mistura o mais homogénea possível;

f) Despeje a mistura numa forma forrada com papel vegetal, batendo na forma para preencher os espaços vazios;

g) Leve ao forno, pré-aquecido a 180 °C estático, por 35 minutos;

h) Passados os 35 minutos, desligue o forno e deixe o bolo lá dentro por mais 15 minutos;

i) Emprate a gosto, talvez com um pouco de açúcar em pó e *pistacchi*.

Sirva com um *sorbetto* de framboesa e harmonize com um *bianco passito dolce aromatico*, da Sicília.

## §5

### Gelato Cremino

O *gelato* da *gelateria Ariosto*, Ferrara, Itália

O boémio escritor Franz Kafka escreveu à sua amada que "(...) o que está a acontecer é incrível – o meu mundo está a desmoronar, o meu mundo está a ser reconstruído (...) Não estou a lamentar o desmoronamento, já estava em colapso, o que estou a lamentar é a reconstrução..."
Ainda que longe da turbulência e do intenso amor dessa declaração de Kafka, mas com o mesmo jeito epistolar, o arco dos sabores daquele *gelato* delicioso acatam a mesma ideia de necessidade de desmoronar para renascer - fazia assim desparecer da minha mente tudo o que o meu palato conhecia sobre *gelati*, para dar lugar a um novo sabor nessa categoria.
Começou aqui uma estória Kafkiana de amor por uma sobremesa, um *snack*, um almoço, um jantar ou mesmo um pequeno-almoço, pois, de tão delicioso que é um *gelato* cremino, pode ser comido a toda a hora - tal impulso da paixão desperta as mais animalescas necessidades e consome-nos a todos os minutos.
Foi nas horas silenciosas após o pôr do sol, tendo acabado de aterrar em Bolonha, que a minha viagem a Ferrara acenou – uma cidade mergulhada numa rica história, onde a infame Lucrécia Bórgia outrora dominou.
Ferrara, uma cidade onde a pena e a espada estavam em delicado equilíbrio, albergando uma Corte de Letras que faria até Wilde levantar uma sobrancelha em apreço. Foi aqui, nesta cidade de antiga intriga, que as minhas papilas gustativas encontraram a sua némesis na gelataria *Ariosto*, batizada, sem dúvida, em homenagem ao próprio Ludovico Ariosto, cujos versos podiam rivalizar com a doçura do *gelato* que eu em breve encontraria.

Mas não nos precipitemos. A nossa história tem os seus humildes começos nos arredores de Ferrara, na pitoresca gelataria *K2*, um lugar que adormece durante o frio do inverno para acordar com o primeiro beijo da primavera. Era uma promessa feita pelos locais, um segredo sussurrado que pairava pela cidade renascentista como uma carta de amor há muito perdida.

Naquela noite, enquanto a chuva serenava a minha chegada e a fome corroía a minha paciência, a ideia de uma refeição farta foi posta de lado pelo fascínio de um deleite rápido, mas que satisfaz a alma. A primavera tinha realmente chegado e, com ela, o renascimento da *K2*.

Imagine, se quiser, uma cena tão curiosa que Twain poderia tê-la escrito com uma gargalhada – uma rua sitiada por carros e corações, todos enfrentando a tempestade para provar o elixir congelado. A fila, um testemunho do desejo humano, estendia-se diante de mim, um mosaico de desejo e impaciência.

Escolher o *Cremino* não foi uma questão de escolha, mas de destino, levando-me de volta ao abraço da fila, um ciclo de indulgência sisifiano. As confissões do dia seguinte aos meus comparsas italianos levaram-me aos terrenos sagrados da gelataria *Ariosto*, onde o *Cremino* era mais que um *gelato*, era uma obra de arte culinária.

Ao fazer amizade com o proprietário da gelataria, embarquei numa viagem que Christie poderia ter comparado a desvendar um mistério – e que me levou às receitas sagradas do *gelato*, um tesouro de sabores à espera de ser desbloqueado. Apesar das minhas aventuras na produção de *gelati*, o *Cremino* da *Ariosto* permaneceu um sonho elusivo, um testemunho do artesanato do artesão.

Foi durante uma das minhas escapadelas indulgentes, com um copo de 300g de *Cremino* na mão, que o dono da gelataria me reconheceu, não pelo rosto, mas pelo apetite – uma revelação humorística que explicava os quilos adicionais que tinha ganho por Itália, apesar de uma vida em constante movimento.

Num esforço que pode parecer luxuoso para alguns, investi no ofício, pagando para aprender os segredos do melhor *gelato Cremino*. Foi um capítulo da minha vida que se entrelaçou com a rica história do *cioccolato Cremino*, uma estória para outro momento, mas que lançou as bases para a viagem culinária em que eu estava.

Ao estar prestes a partilhar esta receita, uma criação que pode servir sete litros de alegria, lembro-me das palavras de Kafka, de Twain, de Wilde e de Christie – cada um, à sua maneira, compreendeu o caos e a beleza da reconstrução, um tema tão prevalecente no mundo da literatura como na arte de fazer *gelati*.

**Ingredientes**

1. Leito gordo fresco, 4175 g;
2. Água, 750 g;
3. Leite magro em pó, 225 g;
4. Dextrose em pó para gelados, 212 g;
5. Glucose em pó atomizada, 175 g;
6. Açúcar, 1250 g;
7. Base neutra para gelados de creme, 25 g;
8. Pasta de avelã, 687 g;
9. *Variegato* Nutty, da *Fabbri*, a gosto.

**Preparação**

a) Coloque o leite fresco numa panela e aquecer em lume médio;
b) Assim que a temperatura estiver entre os 20 °C e os 25 °C, junte o leite magro em pó;
c) Com a temperatura acima dos 25 °C, junte a dextrose;
d) Misture a glucose com 750 g de açúcar;
e) Com a temperatura acima dos 45 °C, junte a mistura de glucose com o açúcar;
f) Misture a base neutra com os restantes 500 g de açúcar;
g) Com a temperatura acima dos 50 °C, junte a mistura de base neutra com o açúcar;
h) Com a temperatura acima dos 65 °C, junte a pasta de avelã;
i) Quando a temperatura atingir os 86 °C, retire do lume e coloque o preparado no frigorifico;
j) Quando o preparado atingir aproximadamente os 5 °C, retire do frigorífico e coloque na produtora de gelados;
k) Coloque o *gelato* numa forma retangular e distribua o *variegato* por cima, até tapar toda a superfície do *gelato*;
k) Coloque o *gelato* no congelador durante 3 horas antes de o servir.

## §6

## Cioccolato Cremino
A doce surpresa da Paola, Torino, Itália

No turbilhão da unificação italiana, entre as engrenagens da Revolução Industrial e sob o olhar atento do emblema da *FIAT*, emerge a história do *cioccolato Cremino* – um doce tão rico em história quanto em sabor.

Esta iguaria, famosa além das fronteiras italianas – principalmente na sua encarnação pela *chocolatier Majani* – deve a sua génese aos engenhosos Ferdinando Baratti e Edoardo Milano. Esta dupla dinâmica inaugurou a *boutique* de confeitaria *Baratti & Milano* em 1876, em Turim. O seu estabelecimento, um exemplo de elegância, continua a abrilhantar a *Galleria Subalpina* até hoje, com uma vista que compete com o majestoso *Palazzo Madama*.

Recuando ao século XVIII, o chocolate era o domínio das farmácias, vendido como uma panaceia com alegados benefícios milagrosos. Com o passar do tempo, o chocolate transformou-se de um elixir para a elite num deleite cobiçado entre os ricos, com a sua produção artesanal a garantir que permanecesse um luxo.

O alvorecer do século XIX trouxe consigo a máquina a vapor, revolucionando a produção de chocolate. Com a queda dos preços do cacau e do açúcar e a melhoria do nível de vida, impulsionados pelos avanços industriais, o chocolate perdeu a sua aura exclusiva, abraçando as massas e tornando-se até um alimento básico na dieta das crianças.

Turim, uma cidade de Piemonte, emergiu como um centro de produção de chocolate, particularmente famoso pelo seu *Cremino*, graças à prevalência de avelãs e amêndoas. As avelãs da região ainda hoje são respeitadas em todo o mundo pela sua qualidade inigualável.

A afinidade da cidade com o chocolate remonta a Emanuele Filiberto I de Saboia, que introduziu os grãos de cacau no século XVI.

As impressões digitais de Piemonte estão por toda a indústria do chocolate. Doret, um filho de Piemonte, projetou a primeira máquina hidráulica para moer cacau. Bozzelli, outro habitante local, aperfeiçoou este processo, incorporando açúcar e baunilha na mistura. Entretanto, Giovanni Martino Bianchini obteve um aceno real para a sua inovadora máquina de moagem, marcando um salto significativo na eficiência da produção de chocolate.

A peregrinação de Giuseppe Majani a Turim para adquirir estas maravilhas modernas marcou o início da ascensão da sua marca homónima, que acabou por ganhar o selo real de aprovação do Rei Umberto I.

Este período coincidiu com a turbulenta viagem de Itália rumo à unificação – uma manta de retalhos de territórios, cada um com o seu paladar, dialeto e costumes distintos – fundidos numa única nação em 1861, um feito largamente creditado ao General Giuseppe Garibaldi. A adoção do dialeto florentino de Dante Alighieri como língua nacional desempenhou um papel fundamental na superação das divisões culturais, fomentando o comércio, a educação e uma identidade cultural partilhada.

Diz-se que os chocolates de Majani contribuíram para adoçar a disposição dos italianos, desde o norte alpino até ao sul ensolarado, durante esta era de unidade recente. Quer esta afirmação tenha ou não fundamento histórico, é uma noção deliciosa, que ecoa as reflexões de Giordano Bruno sobre a beleza de uma história bem elaborada. "*Se non è vero, è ben trovato.* [Se não é verdade, está bem encontrado.]"

A história dá uma volta amarga com o embargo de Napoleão Bonaparte em 1806 aos navios mercantes britânicos, uma manobra que estrangulou o fornecimento de açúcar e cacau aos territórios da França, incluindo o norte de Itália, fazendo disparar os preços. No entanto, para os chocolateiros de Piemonte, esta crise significou uma oportunidade.

Aproveitando a sua capacidade industrial, estes artesãos substituíram engenhosamente o escasso cacau pelas abundantes avelãs de Langhe, transformando a adversidade no perfil de sabor único que define o chocolate piemontês até hoje. Assim, no meio de convulsões históricas, o *cioccolato Cremino* não só nasceu como floresceu, um testemunho da ingenuidade e resiliência italianas.

## Ingredientes

1. Chocolate de leite *Pantagruel*, 200 g;
2. Chocolate branco *Pantagruel*, 200 g;
3. Chocolate 85 % cacau *Pantagruel*, 200 g;
4. Avelãs de Piemonte IGP tostadas, 160 g;
5. Amêndoas, 40 g;
6. Flor de sal, 12 g.

## Preparação

a) Moer as avelãs até obter uma pasta muito fina;
b) Moer as amêndoas até obter uma pasta muito fina;
c) Derreter as 200 g de chocolate de leite em banho-maria;
d) Adicionar 80 g de pasta de avelã, 20 g de pasta de amêndoa e 4 g de flor de sal ao chocolate derretido e misturar bem até obter uma mistura homogénea;
e) Verter para uma forma retangular, de modo a que fique com 0,5 cm de altura e deixar arrefecer até ficar dura;
f) Derreter as 200 g de chocolate branco em banho-maria;
g) Adicionar 80 g de pasta de avelã, 20 g de pasta de amêndoa e 4 g de flore de sal ao chocolate derretido e misturar bem até obter uma mistura homogénea;
h) Verter para uma forma retangular, de modo a que fique com 0,5 cm de altura e deixar arrefecer até ficar dura;
i) Derreter as 200 g de chocolate 85% cacau em banho-maria;
j) Verter para uma forma retangular, de modo a que fique com 0,5 cm de altura;
k) Assim que o chocolate começar a arrefecer, mas antes de endurecer, espalhar 4 g de flor de sal uniformemente sobre a superfície do chocolate;
l) Depois de o chocolate estar frio, cortá-lo em pequenos quadrados de 1,5 cm de lado.

**Notas**

a)   A flor de sal é um tipo de sal marinho que é colhido da camada superior das salinas. Tnuma textura delicada e escamosa e um sabor ligeiramente doce;
b)   Sinta-se à vontade para ajustar a quantidade de flor de sal de acordo com o nível de salinidade desejado.
c)   Em vez de avelã e amêndoa, na camada do meio (a de chocolate branco), pode utilizar a mesma quantidade de *pistachio*;
d)   Considere experimentar diferentes combinações de frutos secos ou adicionar outros ingredientes para personalizar o perfil de sabor;
e)   Esta receita requer alguma paciência e atenção aos detalhes. Certifique-se de seguir os passos cuidadosamente para obter os resultados desejados.

# §7

## Tagliolini com Taleggio e trufa preta
Uma receita para intimidade, Avelengo, Itália

Tinha-me isolado com a Mariangela no aconchego rústico de um *chalet* no Hotel San Luis Retreat em Avelengo, Bolzano, um canto do nordeste da Itália onde o tempo parece passear em vez de marchar.

A nossa morada, uma casa de luxo numa árvore, exigia a ascensão por uma escada de madeira que rangia contos de segredo e romance. A cama, um gigante de linho, presidia um quarto aquecido pelo abraço de uma lareira, os seus sussurros crepitantes misturavam-se com o cheiro de lenha queimada. Lá fora, o gelo reinava, o próprio lago tinha sucumbindo ao decreto gelado. A varanda, uma extensão de madeira, oferecia-nos uma vista do manto branco da natureza, um palco para o ar fresco que dançava pelos galhos carregados. Ali, enredados em cobertores, procuramos deter o próprio tempo, nem que fosse por um feitiço.

No teatro da minha mente, a simples menção do queijo *taleggio* transporta-me de volta àquele interlúdio isolado, um período marcado por um delicioso isolamento com a Mariangela. Aqueles dias foram o epítome do romance, um testemunho do desejo que pode florescer longe dos olhares indiscretos do mundo.

Nos limites da nossa cozinha arborícola, a alquimia culinária acontecia. Eu e a Mariangela, cúmplices da gastronomia, preparamos *tagliolini* com queijo *taleggio* e trufas pretas frescas, tesouros da nossa estadia em Alba. Este prato não era apenas sustento, mas um bálsamo para a alma, um calor que irradiava para além do físico.

O *taleggio*, com seu comportamento cremoso, está no topo do meu panteão de queijos ao lado do queijo português da Serra da

Estrela, ambos nascidos nas montanhas e dignos do inverno devido às suas ricas pastagens.

A criação deste prato é a própria simplicidade, uma interação harmoniosa de sabores concebida para complementar uma noite junto à lareira, com um *Botticino DOC Gobbio* na mão. Uma receita elaborada para dois, é um convite à intimidade, uma carta de amor culinária que sussurra segredos partilhados e risos.

Assim, esta estória de deleite culinário e romance isolado desenrola-se nestas páginas eternas, uma lembrança de que, às vezes, as ligações mais profundas são nutridas não no clamor de espaços lotados, mas na quietude sagrada de uma solidão partilhada.

## Ingredientes

1. *Pasta tagliolini* com ovo, 250 g;
2. Queijo *Taleggio*, 200 g;
3. Natas frescas, 100 g;
4. Manteiga sem sal, 10 g;
5. Flor de sal, 2 g;
6. Trufa preta de Alba, 10 g;
7. Pimenta negra em grão moída na hora, q.b.

## Preparação

a) Cozinhe a *tagliolini* em bastante água com sal;
b) Enquanto a *pasta* cozinha, derreta a manteiga numa frigideira em lume médio;
c) Adicione o vinho branco e deixe evaporar;
d) Adicione o queijo *taleggio*, cortado em pedaços pequenos, e deixe derreter;
e) Tempere com sal e pimenta a gosto;
f) Escorra a *pasta* e adicione-a à frigideira com o molho de queijo;
g) Misture bem e cozinhe por alguns minutos;
h) Adicione as trufas pretas, raspadas ou em fatias, e misture delicadamente;
i) Sirva imediatamente.

## Notas

a) Para um molho mais rico, pode adicionar um pouco de natas ou queijo *Parmigiano-Reggiano* ralado juntamente com o *taleggio*;
b) Pode decorar o prato finalizado com ervas frescas picadas, como salsa ou cebolinha, para um toque de cor e frescura;
c) Esta receita é um prato de massa simples, mas luxuoso. Certifique-se de usar ingredientes de alta qualidade para obter os melhores resultados.

## §8

## *Concombres et oeufs de saumon*

O almoço parisiense com a Johanna, Paris, França

O restaurante Kong, em Paris, exalava um ar de romance clandestino, como se guardasse os segredos sussurrados apenas para aqueles que se sentavam na sua mesa principal. Estrategicamente posicionado, oferecia uma vista sedutora da Pont Neuf e dos armazéns art déco de Henri Sauvage, emoldurados pelas magníficas janelas de vidro curvas que direcionavam o olhar para um affresco no teto pintado pelos traços transcendentes de Ara Starck. Aquela mesa oferecia-me uma vista privilegiada e desimpedida para a *Pont Neuf* e para os armazéns *art déco* de Henri Sauvage, através das impressionantes janelas em arco que se uniam e chamavam a atenção para um *affreschi* pintado no teto por Ara Starck.

"Isto é lindo," disse a minha amiga, enquanto admirava a vista.

"Sim! Adoro vir aqui," respondi, com os meus olhos fixados na cena encantadora que se estendia diante de nós.

O Kong, com a sua sofisticação jovial e aura refinada, estava entre os meus restaurantes preferidos em Paris. E nesse dia, foi-me concedido o privilégio de garantir a melhor mesa, pois estava acompanhado por uma velha amiga, uma conceituada atriz francesa.

"Então, o que tens feito?" Perguntou-me a minha amiga, com o seu olhar penetrante como se procurasse verdades ocultas.

"Apenas o de sempre: trabalhar e viajar. E tu?"

Um sorriso radiante iluminou os seus lábios, revelando um vislumbre da paixão que ardia dentro dela. "Tenho sido consumida pela criação da minha mais recente obra-prima," confessou, com a sua voz a vibrar de entusiasmo. "O trabalho tem sido árduo, mas estou arrebatada pela promessa que ele guarda. O meu novo filme."

"Mas, no meio de tanto trabalho, continuas lindíssima," murmurei, com as minhas palavras carregadas de admiração.

Com um gesto gracioso, ela presenteou-me com um doce e suave beijo na bochecha; o seu perfume envolvente, uma mistura subtil de almíscar com *nuances* florais, arrebatou-me. Aqueles eram os cheiros que sempre associei a Paris, memórias sincronizadas a girarem em *crescendo*, enquanto tentava conter o suspiro perante a visão arrebatadora diante de mim.

"Senti saudades tuas," confessei, com os meus olhos fixos nos dela à procura de consolo nas profundezas do seu olhar.

"Também senti tuas," ela respondeu, com um sorriso suave a adornar os lábios, como se insinuasse os desejos silenciosos que pairavam entre nós.

A sua beleza impecável, os seus olhos cativantes e a harmonia de todas as suas características—sobrancelhas perfeitamente esculpidas, um nariz delicado e lábios que convidavam à adoração—atraíam a atenção de todos que a contemplavam. A sua elegância e radiância diferenciava-a das simples mortais; uma mistura régia temperada por uma calorosidade que derretia corações. E ali estava ela, uma visão de sedução cativante, capturando todos os meus pensamentos, enquanto a nossa conversa dançava entre palavras e silêncios significativos.

"Tenho que te dizer: estás mais deslumbrante do que nunca," sussurrei, esforçando-me para ressuscitar o encanto entre nós.

"Obrigada," respondeu, com um sorriso subtil a brincar com os lábios; a sua compostura calma insinuava os inúmeros elogios que estava habituada a receber.

Perdido com o seu encantamento, nem percebi a mochila apoiada no encosto da cadeira e nem a seleção precisa dos pratos que ela tinha pedido com o vinho branco: um tentador *"tartare de thon"*; *"avocat hot and spicy"*; um delicioso *"ceviche de bar"* com *"concombre et oeufs de saumon"*; servidos com uma *baguette* rústica numa tábua de madeira.

"Estes pratos parecem incríveis," comentei, admirando o festim tentador diante de nós.

"Sim, a comida aqui nunca deixa de me surpreender," murmurou, com a sua atenção presa às delícias que enchiam a nossa mesa.

Em momentos como este, o tempo distorcia-se ao nosso redor, incitando-nos a aproveitar o dia como fazíamos antes, naquelas aventuras selvagens em busca da paixão desenfreada. Partilhei esse pensamento com ela, mas a sua resposta permaneceu silenciosa, exceto pelo lampejo de desejo nos seus olhos. Talvez fosse hora de revisitar prazeres mais simples, para recriar um gostinho daqueles dias despreocupados.

Foi num dia como esse, relembrando um simples almoço repleto das suas estórias cativantes, que me concentrei na entrada — um prato refrescante de *concombres et oeufs de saumon* (pepinos e ovas de salmão). Com a ajuda da Johanna, desvendei a simplicidade da receita, que parecia conter a essência daqueles dias de verão passados. Mais tarde, preparei-a eu mesma, adicionando o meu toque pessoal, uma lembrança dos momentos fugazes de paixão e da alegria duradoura das experiências partilhadas.

Esta é aquela receita, simples, fácil e perfeita para um almoço de verão, partilhada consigo junto com esta estória parisiense.

**Ingredientes**

1. Pepinos, 2;
2. Tomate seco em saco, 50 g;
3. *Crème fraêche d'Isigny*, 300 ml;
4. Ovas de salmão selvagem, 100 g;
5. Sumo de limão, 15 g.;
6. Páprica fumada, q.b.;
7. Salsa fresca, q.b.;
8. Folhas de manjericão, q.b.;
9. Flor de sal, q.b.

**Preparação**

a) Descasque os pepinos e corte-os em rodelas finas;
b) Deixe as rodelas de pepino marinar num pouco de flor de sal dentro de um coador por 4 horas;
c) Pique os tomates secos com uma faca;
d) Misture o *crème fraîche* com a paprica fumada e o sumo do limão;
e) Junte o *crème fraîche* com a paprica e o sumo de limão aos tomates secos picados;
f) Seque as rodelas de pepinos pousando-as em papel absorvente durante uns minutos;
g) Banhe as rodelas de pepino no preparado de *crème fraîche* e tomate;
h) Distribua as rodelas com o preparado de *crème fraîche* e tomate pelo prato a servir;
i) Polvilhe com a salsa bem picada;
j) Distribua, em pequenos montes, as ovas de salmão por cada uma das rodelas;
k) Coloque no frigorífico por 60 minutos, para refrescar;
l). Sirva bem fresco, com folhas de manjericão a decorar.

**Notas**

a)   Pode usar maionese em vez de *crème fraîche*;

b)   Páprica defumada é um tipo de páprica que foi defumada em fogo de lenha e que tnum sabor defumado e levemente adocicado;

c)   Para picar a salsa, basta segurar um ramo de salsa numa mão e usar uma faca afiada para picá-la finamente;

d)   Para distribuir as ovas de salmão, pode usar uma colher ou seus dedos;

e)   Para servir o prato, pode colocá-lo numa travessa ou em pratos individuais.

## §9

## Semifreddo alla cassata

A sobremesa preferida da Chiara, Bellagio, Itália

Ao chegar ao majestoso e luminoso *foyer* do hotel, encontrei a Chiara à minha espera, o seu rosto era embelezado por um sorriso contagiante, que revelava um conjunto perfeito de dentes brancos. Um abraço caloroso e um beijo terno seguiram-se. As nossas interações estavam impregnadas com a facilidade e familiaridade que contradizia a brevidade do nosso conhecimento. Era como se fossemos almas gémeas.

"*Posso andare un attimo in camera tua per cambiarmi? Non posso andare a cena così,* [Posso ir até ao teu quarto por um momento para me trocar? Não posso ir jantar assim,]" perguntou-me. Um pedido carregado de um à-vontade desconcertante.

"*Tranquilla, fai come se fosse camera tua,* [Claro, sente-te em casa,]" respondi e acompanhei-a até à *suite*.

Ao abrir a porta, ela entrou rapidamente; os seus movimentos irradiavam uma energia jovial. Com um gesto teatral, ela largou a bolsa preta numa das cadeiras luxuosas e atirou-se para cima da cama como se tivesse esperado todo o dia para o fazer.

"*Maraviglia! Che bell*o! [Maravilha! Que lindo!]" Exclamou, com a sua voz a ressoar espanto enquanto os seus olhos absorviam avidamente cada nuance da resplandecente *suite*. Cada canto tinha o seu próprio encanto, convidando-a a explorar as suas profundezas.

A porta que dava para o amplo terraço estava entreaberta, tentando-a com a promessa do encanto do lago. Num momento de pura exaltação, ela deu um salto deleitante para fora da cama, impulsionando-se para o mundo exterior. Ficou ali em silenciosa admiração, com as suas palavras momentaneamente contidas, e absorveu a deslumbrante vista que se desenrolava diante dela.

Então olhou para o copo de Spritz ainda cheio, ali deixado, e disse, *"avete cominciato la festa senza di me?* [começas-te a festa sem mim?]"

A súbita metamorfose no seu comportamento, contrastando com a nossa breve e estéril conversa durante a curta travessia a bordo do incrível barco Riva do seu pai, no dia anterior, juntamente com o seu genuíno encantamento pela resplandecência da *suite*, deixou-me perplexo.

Ali estava uma mulher que acabara de chegar da Villa D'Este, a filha adotada de um bilionário com um gosto pelo raro e extravagante. No entanto, ela parecia verdadeiramente espantada com a opulência que a rodeava.

Com um ar descontraído, ela descalçou as Converse All Star e despiu o casaco, deixando-o cair descuidadamente no chão. A sua atenção desviou-se para a mesa, onde colocou as jóias, o relógio e o iPhone, marcando o início da sua transformação naquele luxuoso hotel.

Dirigindo-se para a casa de banho, começou o ritual de despir a roupa. A sua mão aventurou-se na direção do chuveiro, manipulando habilmente as torneiras, à espera pacientemente pelo calor da água. Cuidando de proteger o cabelo, prosseguiu ensaboando o corpo com sabonete líquido com movimentos escondidos da minha vista enquanto eu permanecia além do limiar da casa de banho.

Na tentativa de lhe dar privacidade, saí para a varanda, deixando a porta raspar no peitoril de azulejos, sinalizando deliberadamente a minha saída. Criando um ruído subtil, movi uma cadeira e peguei cuidadosamente no copo de Spritz, garantindo que ela ouviria a leve comoção.

O som do chuveiro parou e a Chiara saiu. Ouvia-a a pisar no tapete e a secar os pés molhados para ganhar aderência e sair dali.

*"Puoi prendere la mia borsa?* [Podes chegar-me a minha bolsa?]" Pediu-me, ao entrar no quarto envolta apenas numa toalha.

Com cuidado, peguei na bolsa preta, empoleirada numa cadeira na sala de estar, e coloquei-a na sua mão que me espera.

*"Grazie,"* agradeceu-me.

*"Prego,* [De nada,]" respondi.

De dentro da bolsa, ela retirou um elegante vestido preto de verão e um par de sandálias de salto alto, cujo preto era completado por resplandecentes e cintilantes pedras preciosas, enquanto as solas vermelhas como fogo revelavam o inconfundível toque de Louboutin.

Simultaneamente, libertando-se das restrições da toalha, graciosamente deixou o vestido fluir pela sua silhueta, envolvendo a sua forma esbelta no seu sumptuoso abraço.

Com elegância, ela delicadamente deslizou um pé numa sandália e depois o outro na outra. Aproximando-se de mim, virou-se de costas e suplicou-me, *"per favore mi puoi chiudere la cerniera del vestito?* [por favor, podes fechar o fecho?]"

"*La cerniera*?! [O fecho?!]" Perguntei, intrigado.

"*Si, per favore,* [Sim, por favor,]" respondeu-me.

"*Sei molto carina,* [Estás muito bonita,]" murmurei, encantado.

"*Grazie. Anche tu sei molto carino,* [Obrigada. Também tu estás muito bonito,]" ela sussurrou, com a sua voz num afago terno.

"*Grazie,*" agradeci, sentindo um calor a florescer dentro de mim.

Naquele vestido provocante e justo, ela irradiava elegância, beleza e um fascínio tentador, abdicando da roupa interior.

Ao redor do pescoço, colocou um colar, enquanto um requintado relógio Ulysse Nardin, enriquecido com diamantes e um envolvente fundo azul, brilhava no seu pulso. Um lenço Hermès envolvia os seus ombros. Da espaçosa bolsa preta, retirou uma delicada bolsinha prateada.

Colocou o telemóvel dentro da pequena bolsa e declarou, "*andiamo.* [vamos.]"

Entramos no elevador e, num retoque de última hora, a Chiara fez um último ajuste no cabelo antes que as portas espelhadas se abrissem. De mãos dadas, saímos do elevador e caminhamos pelo corredor; era a imagem do casal perfeito.

"*Dove andremo a cena?* [Onde vamos jantar?]" A Chiara perguntou, com a sua voz a transbordar de curiosidade.

"*Alle Darsene di Loppia a Bellagio,*" revelei.

"*Bravo!*" Exclamou.

Embarcamos no caminho que nos levou à pequena doca, encostada em frente ao hotel, ao lado da grande piscina flutuante, onde a nossa embarcação aguardava para nos levar à outra margem.

Num movimento gracioso, a Chiara ergueu a perna sobre a borda do Riva Vaporina, fazendo com que o curto vestido subisse um pouco. Não pude deixar de suspeitar que o capitão, estendendo a mão para ajudá-la, tenha vislumbrado a sua audaciosa escolha de não usar roupa interior.

Chegamos ao cais, bem ao lado do restaurante. Ao desembarcarmos, caminhamos alguns passos e chegamos à linda esplanada, rodeada por sebes nas laterais e abraçada pelas copas frondosas das árvores.

Enquanto nos aproximávamos do final da refeição, trocando ideias sobre trivialidades da vida e as deliciosas surpresas que o destino nos proporciona, o *Chef* Matteo aproximou-se para nos cumprimentar. Numa reviravolta do destino, ele acabou por nos revelar o segredo por trás do *semifreddo alla cassata*.

De facto, aquele jantar e os dias que se seguiram estiveram entre os episódios mais fascinantes da minha vida, tornando a estória do *semifreddo alla cassata* do Alle Darsene di Loppia uma que implora para ser partilhada. Se a receita reflete exatamente a do *Chef* Matteo, não posso dizer, mas é sem dúvida tão deliciosa e incrivelmente simples de preparar.

## Ingredientes

1. Queijo *ricotta* de cabra, 500 g;
2. Natas frescas com 40 % de matéria gorda, 250 g:
3. Leite condensado, 150 g;
4. Chocolate branco *Pantagruel*, 100 g;
5. Fruta cristalizada, 90 g;
6. *Pistacchio di Bronte DOP* tostado, 20 g.

## Preparação

a) Bata as natas frescas com uma batedeira elétrica à velocidade média e até obter um creme macio;

b) Adicione, pouco a pouco, o queijo *ricotta* às natas frescas, sem parar de bater à velocidade média;

c) Junte o leite condensado ao creme de *ricotta* e às natas frescas, sem parar de bater;

d) Acrescente o chocolate cortado em pedaços muito pequenos ao preparado anterior, sem parar de bater;

e) Coloque o preparado numa forma de silicone;

f) Deixe repousar no congelador por 6 horas;

g) Desenforme o *semifreddo* num prato para servir;

h) Decore o *semifreddo* com a fruta cristalizada cortada em pequenos pedaços e os *pistacchi* triturados.

## Notas

a) Para uma textura mais lisa, pode passar o queijo *ricotta* por uma peneira antes de o juntar às natas frescas;

b) Pode usar qualquer tipo de chocolate que desejar;

c) Se não tiver uma forma de silicone, pode usar uma forma de bolo inglês comum. Basta forrar a forma com plástico filme antes de despejar a mistura;

d) Sirva o *semifreddo* imediatamente ou guarde-o no congelador por até 2 semanas.

## §10

### *Muffins lavande-citron avec cremeux citron*
Os queques provençais da Valèrie, Gordes, França

No coração de Gordes, em França, os *cupcakes* provençais da Valérie tornaram-se um capítulo da minha aventura, com o charme rústico do hotel La Bastide como pano de fundo. Esta estória, uma mistura de romance e gastronomia, começa com a proposta da Mariangela para um mergulho improvisado no hotel da piscina. O final do verão insinuava dias de luz cada vez mais escassa e o suave declínio do sol era um aviso para adiarmos o nosso mergulho na piscina até o dia seguinte.

A Mariangela, invocando o ditado italiano *"battere il ferro finché è caldo"* (bater o ferro enquanto está quente), pretendia aproveitar os últimos momentos do pôr do sol. A minha resposta, *"tu vuoi avere la botte piena e la moglie ubriaca"* (queres o barril cheio e a mulher embriagada), foi recebida com um sorriso maroto, um reconhecimento silencioso dos sacrifícios pelos prazeres fugazes. A sua resposta foi rápida, arrastando-me em direção à piscina escondida do hotel, uma joia oculta que oferece uma vista panorâmica do vale, que ao pôr do sol era simplesmente de tirar o fôlego.

O encanto da piscina era inegável, especialmente quando a Mariangela, num ato caprichoso de desafio às convenções, mergulhou nas águas em *topless*, apenas com as suas cuequinhas verde-claras, abandonando o vestido e o chapéu provençais numa espreguiçadeira. O seu mergulho ousado preparou o cenário para a aventura da nossa noite e o seu comentário "ainda há licor no barril e a mulher já está bêbada" captou na perfeição o espírito do momento.

A nossa estória tomou um novo rumo quando partilhámos uma refeição com a Valérie e o Gabriel, companheiros de uma aventura anterior, no Le Mas em Luberon. Este local encantador, nos limites de uma antiga quinta provençal, irradiava um aconchego e calor únicos, envolvendo-nos no seu encanto do velho mundo. Sob a noite provençal salpicada de estrelas, encontrámo-nos no pátio, uma cena tão desarmantemente encantadora.

A mesa diante de nós era uma coleção de sabores tão sublimes, apresentando um dilema delicioso – especialmente quando chegou a hora de escolher a sobremesa, cada uma superando a anterior. Foi nesse momento que a Mariangela partilhou um olhar de sábio conselho, comentando, "às vezes, para receber uma alegria, temos de abrir mão de outras. Escolhe a tua sobremesa, pois não se pode ter tudo."

A isso, respondi, "hoje, descobri que na nossa procura pelo que desejamos, misturamos uma formula para equilibrar e saborear a essência dos nossos desejos," piscando-lhe o olho e com um sorriso maroto como sinal de cumplicidade – relembrando, naturalmente, o mergulho na piscina azul e os momentos apaixonados em que os nossos corpos se entrelaçaram logo depois, forjando um vínculo de paixão. Assim, mergulhámos numa seleção de sobremesas, uma indulgência partilhada, em cada pedaço era um tributo ao génio do *chef*.

Refletindo sobre as maravilhas da culinária provençal, ponderei sobre a rica variedade de sabores e aromas nativos da região. A Valérie, sempre perspicaz, partilhou connosco uma maravilha local – uma receita de queques com essência de lavanda, o orgulho da região, realçada com um toque de limão e o brilho rico do azeite extra virgem de Provence, um sabor que eu tinha apreciado mais cedo nessa noite.

Com esta narrativa, ofereço a lembrança de uma noite entrelaçada com sabores, alegria e encontros fortuitos, e também a preciosa receita da Valérie, um pedaço de Provence para guardar e recordar.

## Ingredientes

Para o *crémeux citron*:

1. Ovos, 150 g;
2. Açúcar, 150 g;
3. Sumo de limão, 120 g;
4. Raspas de limão, 5 g;
5. Manteiga sem sal, 150 g;
6. Gelatina em folha, 2 g;
7. Flor de sal, 2 g.

Para os *muffins*:

1. Farinha espelta, 100 g;
2. Farinha de aveia, 70 g;
3. Farinha de linhaça, 30 g;
4. Ovos, 150 g;
5. Açúcar, 75 g,
6. Flor de sal, 5 g;
7. Azeite virgem extra de Provence, 20 g;
8. Fermento biológico seco instantâneo em pó, 14 g;
9. Sumo de limão, 2 colheres de sopa;
10. Raspas de limão, 1 colher de sopa;
11. Flores de lavanda de Provence, 2 colheres de sopa.

## Preparação

*Crémeux citron*:

a) Coloque numa panela o sumo de limão, os ovos, o açúcar e as raspas da casca dos limões;
b) Mexa com uma batedeira manual de varas em lume médio;
c) Quando obtiver um creme bem homogéneo junte a gelatina hidratada (imersa previamente em água) e mexa bem com uma colher de pau;

d) Quando a gelatina estiver bem diluída e o creme mais gelatinoso, retire do lume e deixe arrefecer;

e) Quando a temperatura do creme arrefecer até aos 45 °C junte a manteiga, a flor de sal e bata muito bem com uma varinha mágica até obter um *crémeux citron* bem homogéneo;

f) Deixe repousar à temperatura ambiente ou no frigorifico.

*Muffins*:

a) Ferva 80 ml de água, adicione uma colher de sopa de flores de lavanda e mantenha-a até a infusão atingir a temperatura ambiente;

b) Bata os ovos com o açúcar numa batedeira elétrica durante pelo menos 7 minutos e até obter um creme esbranquiçado e bem homogéneo;

c) Junte a manteiga derretida (40 segundos no micro-ondas) e continue a bater;

d) Junte as raspas e o sumo de limão e continue a bater;

e) Junte a infusão das flores de lavanda e bata mais 2 minutos;

f) Junte as farinhas, a flor de sal e o fermento e continue a bater até obter uma massa homogénea;

g) Divida o preparado por diversas formas individuais e, simultaneamente, coloque algumas flores de lavanda em cada uma;

h) Coloque as formas com o preparado no forno pré aquecido a 180°C e deixe cozer por 20 minutos;

i) Retire do forno e deixe arrefecer até à temperatura ambiente;

j) Corte os *muffins* a meio, na horizontal, e recheie abundantemente com o *crémeux citron*;

l) Deixe repousar 4 horas no frigorífico;

m) Retire do frigorífico e decore com açúcar em pó e flores de lavanda;

n) Sirva acompanhado com um *sorbetto* de limão ou lavanda e vinho doce branco de Barsac (por exemplo: *Château Coutet Cuvée Madame*).

## §11

### Pasta alla genovese

O *pesto* da Giulia, Portofino, Itália

A Giulia e Anamaria tinham acabado de regressar do Vaticano, um íman para os fiéis e curiosos durante a Páscoa. Elas tinham absorvido a grandiosidade da missa na Piazza di San Pietro e se apegado a cada palavra do discurso *Urbi et Orbi* do Papa, um destaque anual.

Eu e a Mariangela, enquanto isso, tínhamo-nos aventurado em Florença, que, na minha humilde opinião, hospeda a festividade de Páscoa mais fascinante de todo o continente. O "*scoppio del carro*", ou a explosão do carro, é um espetáculo que remonta a mais de três séculos, imbuído de tradição e do aroma da história. Imagine isto: um carro do início do século XVII, puxado por bois enfeitados para a ocasião, percorre as artérias de Florença até à Piazza del Duomo. Acompanhado por tambores, bandeiras e um séquito de clérigos e dignitários da cidade em trajes de época, é uma cena retirada diretamente das páginas da história.

Esta cerimónia homenageia Pazzino de' Pazzi, um jovem de linhagem nobre, que pelo seu valor na Primeira Cruzada, foi premiado com três pederneiras do Santo Sepulcro. Estas mesmas pederneiras, abrigadas na Chiesa di Santi Apostoli, dão vida às festividades do Domingo de Páscoa. Ao soar das 10 horas, um padre acende a vela pascal com uma faísca destas pederneiras.

O clímax dá-se por volta das 11 horas, com a entrega deste fogo, que simboliza a descida do Espírito Santo. O interior do *Duomo* enche-se com o canto da "Gloria", enquanto o arcebispo acende a *Colombina*, um foguete em forma de pomba, que voa da igreja para incendiar o *brindellone*, desencadeando um *show* de fogos de artifício de tirar o fôlego.

Uma explosão bem-sucedida promete uma colheita abundante e bençãos sobre a cidade.

Há muito tempo que não vimos a Anamaria e a Giulia, pelo menos desde o nosso encontro anterior, uma aventura de inverno em Cortina D'Ampezzo. Os nossos caminhos cruzaram-se novamente no *Ristorante Puny*, bem alojado na acolhedora baía de Portofino.

Enquanto elas se refugiavam no *Belmond Splendido Mare*, a poucos passos do nosso ponto de encontro, eu e a Mariangela optamos pela grandiosidade do mesmo *Belmond Splendido*, empoleirado na baía de Cannone. Cada *Belmond* é uma joia, mas o *Splendido* na baía possui vistas que o seu irmão dificilmente pode sonhar.

Montados na nossa Vespa alugada, com o seu tom verde tão suave quanto uma folha de oliveira, chegamos à acolhedora baia de Portofino em meros minutos. Lá, a dupla aguardava-nos no *Puny*, um local que se diz ter testemunhado o pedido de casamento de Richard Burton a Elizabeth Taylor no meio de uma pausa cinematográfica.

Mas vamos cortar estória para não nos perdermos em contos de *Aperol Spritz* no *Belmond Splendido*, longe do núcleo da narrativa. *Puny*, afinal, é celebrado não pelas suas bebidas, mas pela sua *pasta* com *pesto*.

A Giulia, com seu coração genovês, revelou o seu segredo para o *pesto* perfeito, aderindo à tradição. O seu método, embora purista – que usa um pilão para dar aquele toque autêntico – também se curva à modernidade, sugerindo que um liquidificador pode produzir um *pesto* que rivaliza, se não mesmo supera, o artesanato do pilão.

**Ingredientes**

Para o *pesto*:

1. Manjericão, 80 g;
2. Azeite extra virgem, 80 g;
3. *Parmigiano Reggiano DOP*, 50 g;
4. *Pecorino Romano DOP*, 30 g;
5. Pinhões, 30 g;
6. Flor de sal, 4 g;
7. Alho, 2 dentes.

Para a *pasta*:

*Pasta* fresca (*linguine* ou *trofie*).

**Preparação**

*Pesto*:

a) Esmague os dentes de alho com o pilão num almofariz até ficarem em creme;
b) Junte os pinhões e continue a esmagar até obter um creme homogéneo;
c) Junte as folhas lavadas do manjericão e a flor de sal e continue a esmagar até ficar um creme;
d) Junte, aos poucos, o *Parmigiano Reggiano DOP* e continue a esmagar até ficar um creme;
e) Junte, aos poucos, o *Pecorino Romano DOP* e continue a esmagar até ficar um creme;
f) Junte o azeite extra virgem e mexa tudo muito bem.

*Pasta*:

a) Coza a *pasta* fresca *al dente*;
b) Escorra a *pasta* e junte o *pesto genovese*;

c) Sirva com um pouco de *Parmigiano Reggiano* ralado por cima.

**Notas**

a) Para um sabor mais intenso, pode tostar os pinhões numa panela em fogo médio por alguns minutos antes de adicioná-los ao *pesto*;
b) Se não tiver um pilão, pode usar um liquidificador de alimentos para fazer o *pesto*. Apenas certifique-se de pulsar os ingredientes até que estejam picados, mas não em *purée*;
c) O *pesto* pode ser armazenado no frigorifico até uma semana;
d) O *pesto* é um molho versátil que pode ser usado para temperar massas, arroz, batatas e até legumes. Também pode ser usado como recheio de sanduíches ou como cobertura de *pizza*.

RECEITAS & ESTÓRIAS

# §12

## Tiramisu e mousse de chocolate combinados

O *tiramisù* da Mariangela, Treviso, Itália
A mousse de chocolate da Inês, Santo Tirso, Portugal

Logo após fazer a acentuada curva de 90 graus à esquerda na saída da SP92, fundindo-se com a SS13, e alcançando o entroncamento para Fontane, a cerca de um quilómetro de Treviso, encontrámos uma operação de vigilância da *Polizia di Stato*. O cenário foi como um balde de água gelada, um *reality check* sóbrio a interromper o rescaldo do nosso próprio drama em alta velocidade.

Enfrentar um controlo da polícia é sempre perturbador, um momento em que a linha entre inocente e suspeito pode parecer perigosamente ténue. Naquele dia, sob o domínio de uma pandemia e apenas alguns minutos após uma remoção furtiva de cinquenta gramas de cocaína do meu carro, a tensão passou de perturbadora a quase insuportável.

"*Buongiorno, il suo documento d'identità, per favore,*" o agente mascarado solicitou, com os seus olhos numa mistura de formalidade e escrutínio.

"*Prego, eccolo,*" respondi, os meus dedos ligeiramente trémulos enquanto lhe entregava o meu bilhete de identidade. Senti os nervos como fios elétricos desfiados.

"*E il documento dell'auto?*" Ele não tinha terminado. O pedido para os documentos de registo do carro enviou um calafrio pela minha espinha.

Inclinando-me sobre a Mariangela, obedeci e retirei os papéis do porta luvas. "*È un auto a noleggio,*" acrescentei, explicando que era um carro de aluguer.

O meu coração batia como um tambor enquanto um cão farejador dava uma volta ao nosso carro. Mais à frente, a visão de um Alfa

Romeo azul apenas aumentou a minha ansiedade. Pertencia inconfundivelmente à *Squadra Mobile*, a divisão da polícia de elite que investigava o crime organizado e o tráfico de drogas. A minha mente disparou; a última coisa de que precisava era tornar-me um objeto da sua atenção, especialmente quando a minha missão tinha o mesmo objetivo final: frustrar a atividade criminosa.

"*Saluti e buon viaggio,*" o agente finalmente disse, devolvendo os documentos e sinalizando para prosseguirmos. Tínhamos sido examinados, escrutinados e, finalmente, libertados.

A Mariangela quebrou o silêncio subsequente, "que dia o de hoje. Que tal irmos para um *brunch* na Malvasia?" Um sorriso hesitante surgiu no seu rosto. "De repente, estou com vontade de panquecas recheadas de chocolate."

A sugestão era quase absurda na sua normalidade, um contraste gritante com as manobras de vida ou morte que tinham marcado o nosso dia. No entanto, também era um farol, uma lembrança das coisas mais simples e doces da vida que existiam paralelamente ao jogo complicado e perigoso em que eu estava envolvido.

Num turbilhão de nervos mais afiados do que a lâmina de uma faca recém-afiada, vi-me preso num cenário que parecia retirado diretamente de um romance onde o *suspense* se une ao fascínio de um romance proibido. O dia tomou um rumo dramático quando um grupo de indivíduos, vestidos no contraste marcante de preto e branco, que lembravam não peças de xadrez, mas participantes de um evento que marca o fim da vida mortal de alguém – potencialmente a minha – barricaram o meu caminho com um sinistro Mercedes G350. A sua aparição repentina forçou-me a uma paragem brusca, um prelúdio para o ato inesperado que estava prestes a se desenrolar.

Deixando a Mariangela, a minha companheira de viagem e participante involuntária nesta aventura imprevista, no carro, saí a céu aberto – a minha apreensão era palpável. A aproximação de um desses mensageiros vestidos de preto, que então se moveu rapidamente para abrir o *capot* do meu carro, foi o primeiro movimento num jogo que eu não sabia que estava a jogar.

Como se fosse um sinal, um BMW juntou-se a essa reunião improvisada, estacionando ao lado do Mercedes, adicionando outra camada de mistério à trama já densa. A atenção do grupo voltou-se para as entranhas do meu carro, onde desenterraram um pacote: o seu exterior num preto simples, marcado apenas por uma etiqueta branca sem mais nada. Este objeto, desprovido de qualquer marca de identificação, era tão misterioso quanto as intenções dos homens que o encontraram.

A Mariangela, protegida da cena que se desenrolava pelo *capot* levantado, olhou para mim à procura de uma explicação, um pedido silencioso de clareza numa situação tão clara quanto a lama. A minha única resposta foi um encolher de ombros impotentemente; eu estava tão perplexo quanto ela, apanhado numa reviravolta da narrativa que nos tinha como protagonistas involuntários.

O momento da revelação veio com um ar de gravidade, "parece que decidiu tornar o nosso trabalho mais difícil", entoou um dos homens. Os meus protestos de ignorância, de uma simples viagem que se tornou complexa, foram recebidos com uma reviravolta na sinistra narrativa: a descoberta de cocaína no filtro do ar do carro, uma tramoia para me emoldurar criminalmente tão perfeitamente quanto um quadro numa galeria.

Com o drama concluído e o *capot* fechado, voltei para a Mariangela, inventando uma estória de dificuldades técnicas mundanas para mascarar a verdadeira natureza do nosso encontro. A minha pequena mentira, um escudo improvisado contra a dura realidade da nossa situação, foi recebida com ceticismo, um testemunho do absurdo de tudo o que tinha acontecido.

Enquanto nos afastávamos, o evento permaneceu como uma lembrança gritante da imprevisibilidade da vida, uma estória de aventura e desventura entrelaçadas, deixando-nos a ponderar sobre a natureza frágil da nossa existência, enquanto os pensamentos da Mariangela divagavam para prazeres mais simples, um testemunho da resiliência do espírito humano diante da adversidade.

"O que é a Malvasia?" Perguntei, tentando acalmar-me e racionalizar as coincidências daquele dia.

"É um *ristobrunch*. Um restaurante de *brunch* na área de pedestres de Treviso, com uma vista espetacular e panquecas fabulosas. Vamos, eu mostro-te o caminho," respondeu Mariangela.

"Doces? Nesse caso, estou mais inclinado a um *tiramisù*. Dizem que foi inventado em Treviso," respondi à Mariangela como uma alternativa às panquecas.

"A confeitaria *Nascimben*, com mais de 150 anos de história, tem um *tiramisù* fabuloso e tradicional. Fica no centro histórico, podemos ir lá. Eu tenho a receita original," respondeu a Mariangela.

Esta é a estória de ação do *tiramisù* da Mariangela.

\*\*\*

Inês, que foi minha mulher por doze anos fantásticos e inesquecíveis, permanece uma figura de suma importância na narrativa da minha vida. Ela era a guardiã desta receita, um legado precioso da avó Tininha. A Inês, com a sua infinita generosidade, ofereceu-me muito mais do que eu jamais algum dia conseguirei retribuir, integrando esta receita na crónica da nossa vida.

A sua dedicação em preservar a essência desta herança de família era manifesta nos inúmeros convívios que ela orquestrava, onde a mousse, mais que uma sobremesa, era um símbolo de herança e afeto.

A concessão desta requintada, embora simples receita, foi apenas uma das inúmeras maneiras com que a Inês, com um coração livre de quaisquer desejos egoístas, enriqueceu a minha vida com a essência da sua, um legado transmitido pela avó e mantido por gerações.

Ao partilhar este doce legado, agora como uma homenagem de um ex-marido, esforço-me para manter a sua autenticidade, oferecendo uma receita, mas também uma estória de amor. Este ato serve como um tributo à notável Inês e à sempre querida avó Tininha, cujas memórias estão indelevelmente ligadas a cada sabor desta criação divina.

## Ingredientes

*Creme de tiramisù:*

1. Queijo *mascarpone*, 750 g;
2. Açúcar, 120 g;
3. Ovos, 260 g.

*Creme de tiramisù pistacchio:*

1. *Tiramisù*, 500 g;
2. *Pistacchi*, 150 g.

Mousse de chocolate:

1. Chocolate Pantagruel com 75 % cacau, 200 g;
2. Ovos, 300 g;
3. Açúcar, 72 g.

Tiramisù e mousse de chocolate combinados:

1. *Creme de tiramisù*, 630 g;
2. *Creme de tiramisù pistacchio*, 650 g;
3. Mousse de chocolate, 572 g;
4. Biscoitos de *champanhe*, q.b.;
5. Café expresso forte, q.b.;
6. Cacau em pó, para decorar.

## Preparação

*Creme de tiramisù:*

a) Bata bem as gemas com o açúcar até obter uma mistura homogênea, espumosa e mais clara;
b) Junte o *mascarpone* e bata bem até que fique perfeitamente incorporado nas gemas com açúcar;
c) Bata as claras em castelo;

d) Com uma espátula, incorpore bem as claras em castelo na mistura anterior de *mascarpone*, gemas e açúcar.

*Tiramisù pistacchio*:

a) Triture os *pistacchi* até obter uma pasta;
b) Junte a pasta de *pistacchi* a 500 g *tiramisù*.

Mousse de chocolate:

a) Bata bem as gemas com o açúcar até ficar uma mistura homogénea, espumosa e mais clara;
b) Bata as claras em castelo;
c) Derreta o chocolate em banho-maria;
d) Com uma espátula, incorpore as claras em castelo e o chocolate derretido às gemas com o açúcar misturadas previamente.

*Tiramisù* e mousse de chocolate combinados:

a) Molhe os biscoitos de *champanhe* no café e use-os para forrar as paredes de uma taça larga;
b) Disponha a mousse de chocolate no fundo;
c) Coloque uma camada de biscoitos de *champanhe* molhados no café;
d) Deite o *creme* de *tiramisù*, reservando cerca de 130 g;
e) Coloque uma camada de biscoitos de *champanhe* molhados no café;
f) Disponha por cima o creme de *tiramisù pistacchio*;
g) Coloque uma camada de biscoitos de *champanhe* molhados no café;
h) Deixe repousar duas horas no frigorífico;
i) Retire do frigorífico, coloque a taça virada ao contrário num prato e desenformar;
j) Com a ajuda de uma espátula, cubra o *tiramisù* com as 130 g de creme de *tiramisù* e decore com o cacau em pó;
k) Deixe repousar 12 horas no frigorífico antes de servir.

## §13

## Tomates Provençais

A receita da Ana, Saint-Tropez, França

Na altura desta estória, a minha profissão mantinha-me preso a um turbilhão de viagens pelo mundo, um papel tão emocionante quanto exaustivo. Esta existência nómada, no entanto, proporcionava-me o prazer de encontros fortuitos, noites em acomodações luxuosas e um paladar educado por um espectro de delícias culinárias, desde a grandiosidade dos estabelecimentos *gourmet* até à humildade autêntica dos vendedores de rua.

"Saint-Tropez está a brindar-te com o seu famoso sol?" A voz da coordenadora da operação crepitou no telefone, carregada de sarcasmo.

"Sim, o clima está a colaborar maravilhosamente," respondi, enquanto o calor do sol mediterrâneo acariciava a minha pele.

Era um esplêndido dia de setembro, com o mercúrio a namorar com os vinte e poucos graus, uma combinação perfeita de calor no ar e fresco no mar. Enquanto conversava com a minha coordenadora, saí para a varanda e contemplei uma vista que ostentava o mar azul, uma piscina tranquila e o pitoresco Golfo de Saint-Tropez. Ali, como uma cena emprestada de uma pintura renascentista, estava a Ana, libertando-se dos limites do seu traje de banho para se deleitar nas carícias do sol.

Ao avistar-me, acenou e sorriu, um gesto de liberdade desinibida, em *topless*, que capturou momentaneamente a minha atenção, transformando as palavras da coordenadora num mero ruído de fundo.

"Estás a ouvir?" A voz da coordenadora trouxe-me de volta à realidade.

"Claro, estou a ouvir atentamente," menti suavemente.

"Precisas de te apressar para o heliporto do Golfo. Há um helicóptero com destino ao Aeroporto de Nice à tua espera. Bruxelas espera-te e o tempo é um luxo que estamos a perder rapidamente," ela informou-me, num tom urgente.

"Hoje? Mas..." gaguejei, apanhado de surpresa.

"Sim, hoje! Parece que há aí algo mais a atrair-te do que apenas o clima," ela retrucou, com um toque de irritação na voz.

Enquanto ela detalhava o meu itinerário iminente, que me levaria de Saint-Tropez a Bruxelas e depois para o exótico Saint Barthélemy, apressadamente guardei a minha vida de volta na mala, oferecendo à Ana um breve adeus enquanto corria para o heliporto.

A lembrança de Saint-Tropez perdurou, encapsulada numa mensagem de texto da Ana ao chegar em Bruxelas, "Saint-Tropez foi um sonho. Até que nossos caminhos se cruzem novamente."

E tudo o que consegui responder foi uma fraca menção aos tomates provençais que saboreamos em Nice, uma tentativa patética de conversa. Mas aqueles tomates eram realmente memoráveis e as palavras faltaram-me.

A mensagem subsequente da Ana carregava a essência daqueles tomates, uma receita que ela conseguiu arrancar do próprio *chef*, com uma nota esperançosa, "vamos partilhar esta refeição novamente, em breve."

Este, então, é o legado da Ana daquela escapadela ensolarada em Saint Tropez, uma receita não apenas de tomates, mas de momentos fugazes, de pores do sol e serendipidade, partilhada aqui para si.

## Ingredientes

1. Tomates maduros e redondos, 8;
2. Alho, 3 dentes;
3. Pão ralado, 15 g;
4. Salsa fresca, 8 g;
5. Azeite extra virgem de Provence, 7 g;
6. Tomilho, 4 g;
7. Pimenta preta em grão, 3 g;
8. Flor de sal, 3g.

## Preparação

a) Lave e corte os tomates a meio;

b) Escorra os tomates e coloque-os, com a parte cortada virada para cima, num tabuleiro de levar ao forno forrado com papel vegetal;

c) Adicione aos tomates a flor de sal e a pimenta;

d) Pique os dentes de alho descascados, a salsa e o tomilho e junte-os ao pão ralado;

e) Coloque a mistura de alho, salsa, tomilho e pão ralado por cima dos tomates;

f) Espalhe o azeite extra virgem de Provence por cima dos tomates;

g) Leve ao forno, pré-aquecido a 200 °C, durante 20 minutos;

h) Sirva com um copo de vinho rosé *Maitres Vignerons de la Presqu'ile* de Saint-Tropez, *Fleur de Mer*.

## Notas

a) Para um sabor mais rico, pode assar os tomates por mais tempo, até 30 minutos.

b) Se não tiver flor de sal, pode usar sal marinho comum.

c) Esta receita é uma ótima maneira de aproveitar tomates maduros de verão.

d) Sirva com pão crocante e uma salada simples para uma refeição completa.

## §14

### Cassata siciliana

O doce preferido da Ana, Catânia, Itália

A Sicília é uma ilha com vida própria, onde tudo é poderoso, forte e intenso: o sol queima, os vulcões expressam-se livremente, o vinho é forte e a comida é de sabores ricamente intensos.

A cultura artística tem forte expressão na Sicília, seja na música, na literatura, na arquitetura ou na variada cozinha siciliana. É uma cultura muito diversificada em resultado das várias ocupações – fenícios, gregos, cartagineses, romanos, vândalos, bizantinos, ostrogodos, alemães, franceses, espanhóis, até finalmente se tornar parte de Itália, em 1860.

A Ana, apesar de ser italiana, não conhecia muito da Catânia. Aliás, a Ana pouco conhecia do mundo real, da rua, da vida diferente dos hotéis de luxo, restaurantes de recomendação *Michelin*, das festas do *jet set* europeu e os únicos transportes públicos que utilizava eram os voos comerciais e apenas quando não tinha jato ou helicóptero privado à disposição.

Eu queria mostrar à Ana um mundo diferente do conto de fadas ao qual ela estava habituada. Queria mostrar-lhe o mundo real, talvez menos glamoroso do que se encontrava dentro da redoma em que ela vivia, mas bem mais autêntico, intenso e divertido. Queria mostra-lhe os artistas de rua, os mercados de carnes, peixes, frutas e legumes, as pastelarias, as tascas e até mesmo o muito concorrido e lotado *Fera 'o Luni*, um mercado onde se vende desde roupa usada, carteiras falsificadas (a 1/10 do preço das originais que o marido da Ana lhe oferecia), mesmo ao lado dos tomates maduros, das beringelas roxas e das tripas de peixe, tudo misturado com o som dos sinos da igreja, com o barulho das pessoas a pechincharem e os cães a ladrarem enquanto a caravana passava.

A Gisela, uma amiga galega que há muitos anos tinha feito Erasmus na Catânia, sugeriu-me um restaurante numa transversal da via Etna. Avisou-me que era um restaurante dos seus tempos de estudante, algo muito simples, muito barato, com individuais de papel a servirem de toalha, mas com uma *pasta* fabulosa. Era exatamente algo assim que eu procurava para levar a Ana e apresentá-la ao mundo simples, longe do *glamour* de milhões de euros, onde vivia a maioria dos seus dias, embora fora daquela ilha intensa e talentosa.

Fomos dos primeiros clientes a chegar ao restaurante, o seu interior era um pouco medonho, pelo que aproveitamos aquele outubro quente para ficar na esplanada, com mesas e cadeiras de madeira montadas em cima do grande passeio. A Ana achou um pouco estranho o meu programa e aquele local, mas estava divertida e sedenta de novas experiências e de um pouco de aventura.

Pouco depois e muito repentinamente, o restaurante encheu e já se acumulavam pessoas à porta há espera de mesa para jantar. Era sinal de que a comida era boa.

A *Pasta alla Norma* e a *Pasta Ragu* estavam divinais. Mas o que surpreendeu verdadeiramente a Ana foi a *cassata siciliana*.

"Esta *cassata siciliana* rivaliza com a minha sobremesa preferida do *Le Calandre*," disse a Ana, depois de duas garfadas na sobremesa que tínhamos pedido para fechar o jantar.

O *Le Calandre* é um restaurante de 3 estrelas *Michelin*, em Padova, Itália, cuja cozinha está a cargo do talentoso *chef* Maz Alajmo, pelo que não podia haver maior elogio a uma sobremesa do que aquela que a Ana fez.

A Ana descobriu que existe grande beleza, sabor e intensidade quer nas coisas mais simples do dia a dia, quer nas tradições mais antigas.

A *cassata* é um doce tradicional da Sicília com origem no tempo em que a ilha era ocupada pelos normandos, por volta do século XI. Desde então foi evoluindo até chegar ao doce colorido que é hoje.

No início, que se atribui ao convento de Martorana em Palermo, a *cassata* era um maçapão feito à base de farinha de amêndoa. Muito mais tarde, cerca de sete séculos depois, no século XVIII, o pão de Espanha (em Portugal conhecido como pão de ló) chegou de

Génova à Sicília e passou a ser utilizado na *cassata*. Bocadinhos de chocolate foram adicionados ao queijo *ricotta* e à pasta de maçapão; as frutas cristalizadas e o *glacê* de açúcar foram usados para decorar, chegando assim à *cassata* de hoje.

De acordo com o novo dicionário Siciliano-Italiano de Vincenzo Mortillaro, a *cassata* decorada com *glacê* e frutas cristalizadas só apareceu a partir do final do século XIX. Mas já em 1575, o sínodo da diocese de Mazara del Vallo havia estabelecido que a *cassata* era o doce oficial da Páscoa, estipulando que as várias ordens monásticas só a preparem-se durante esse período.

Para a máfia siciliana, a *cassata* era muitas vezes a sobremesa obrigatória nos seus banquetes mais importantes. Assim aconteceu em 1909, em Palermo, no banquete que *Don* Onorevole Petrani, um deputado siciliano que servia de intermediário entre a *Onorata Società* e a governação de Itália, em Roma, ofereceu a *Don* Vito Cascio Ferro.

*Don* Vito era um homem de 50 anos, alto, elegante, de porte aristocrata de quem todos, desde a aristocracia aos membros do governo, mendigavam a sua amizade ou um pouco da sua atenção. Mas, na verdade, *Don* Vito, de origens humildes, proveniente de uma família de camponeses da província, que não sabia ler e nem escrever, era o maior mafioso da Sicília, *capo* que dominava mais de metade da ilha e cujos negócios se estendiam até *Manu Nera*, a máfia nos EUA, que depois originou a famosa *Cosa Nostra*.

Nessa altura, vindo dos EUA, tinha chegado a Palermo Jack Petrosimo, um destacado agente do *FBI*, para investigar as atividades criminosas de *Don* Vito, nomeadamente os canais de emigração criminosa para os EUA. Jack tinha origens italianas e acreditava, com razão, que o aumento da criminalidade em Nova York estava relacionada com a chegada em massa de sicilianos.

*Don* Vito aproveitou o momento do banquete oferecido pelo deputado *Don* Petrani para, usando o coche e concheiro do digníssimo deputado, ir rapidamente à Piazza Marina, onde estava o agente do *FBI* e enfiar-lhe uma bala mortífera em pleno rosto com uma pistola de cavalaria que trazia no bolso.

*Don* Vito regressou então à companhia do deputado *Don* Petrani, ainda a tempo da *cassata siciliana* que foi servida como sobremesa.

Assim, com esse banquete e com o digníssimo deputado, o seu cocheiro e todo o pessoal da honrada casa a garantirem que *Don* Vito nunca tinha deixado o palácio, este foi absolutamente ilibado da morte do agente do *FBI*.

Foi com esta história verídica de *Don* Vito, que tinha lido no livro *A Mafia Senta-se À Mesa* que tornei a *cassata siciliana* ainda mais interessante e histórica para a Ana, uma mulher que vivia num mundo de princesas.

É deste doce tradicional pascal, o preferido da sofisticada Ana e do elegante mafioso *Don* Vito, que partilho a receita.

## Ingredientes

1. Queijo *ricotta* de cabra, 1,4 kg;
2. Açúcar, 400 g;
3. Chocolate *Pantagruel* 75 % cacau, 200 g;
4. Laranja cristalizada, 50 g;
5. Pão de ló (Pão de Espanha), 800 g;
6. Licor de cereja *Maraschino*, 2 dl;
7. Açúcar em pó, 400 g;
8. Açúcar em pó baunilhado, 200 g;
9. Clara de ovo, 1;
10. Maçapão, 200 g;
11. Fruta cristalizada colorida (cereja, abóbora, *etc.*), 50 g;
12. *Pistacchi*, 30 g;
13. Água, q.b.

## Preparação

a) Escorra bem o queijo *ricotta*;

b) Misture o queijo *ricotta* ao açúcar, com recurso a uma batedeira elétrica, à velocidade média;

c) Cubra a mistura anterior com filme transparente e deixar repousar por, pelo menos, 8 horas no frigorifico;

d) Após o repouso, bata novamente a mistura anterior com recurso a uma batedeira elétrica, à velocidade média, e junte, aos poucos, o chocolate *Pantagruel* cortado em pequenos pedaços e a laranja cristalizada cortada em pequenos cubos;

e) Coloque esta mistura a repousar no frigorifico enquanto prepara o maçapão;

f) Estenda o maçapão de forma a ficar com 0,5 cm de espessura;

g) Corte o maçapão de forma a obter tiras de 5 cm de comprimento. As tiras devem ter forma de um trapézio, de maneira que a base mais larga não ultrapasse também os 5 cm;

h) Corte o pão de ló igual ao maçapão, pelo que é recomendável ter um pão de ló feito numa forma retangular e com uma espessura de 0,5 cm;

i) Utilize, preferencialmente, uma forma para a *cassata* siciliana, típica de Palermo, redonda, com as bordas inclinadas e o fundo levemente levantado, para permitir encaixar dos lados o maçapão e o pão de ló. Em alternativa, utilize uma tijela de cozinha com o formato mais próximo da forma típica;

j) Disponha o maçapão e o pão de ló, alternadamente, a cobrir todo o perímetro da forma, sendo que o maçapão fica com a parte mais estreita do trapézio na base da forma e o pão de ló ao contrário, ou vice-versa;

l) Se necessário, nivele o maçapão e o pão de ló pelas bordas laterais da forma, cortando o excesso com uma faca afiada;

m) Corte o pão de ló num círculo do tamanho do fundo da forma e coloque-o no fundo com a parte esponjosa para baixo;

n) Humedeça o pão de ló com o licor *Maraschino*;

o) Recheie a forma com a mistura do queijo *ricotta* e abane a forma levemente para nivelar o recheio;

p) Esfarele o resto do pão de ló e espalhe-o por cima da *cassata*;

q) Deixe repousar no frigorífico por, pelo menos, 4 horas;

r) Coloque o açúcar em pó numa panela em lume médio e vá adicionando água até que obtenha um creme branco;

s) Assim que a água com açúcar levantar fervura, o *glacê* estará pronto para cobrir a *cassata*;

t) Desenforme a *cassata*, virando-a ao contrário sobre um prato e cubra-a (na sua totalidade e de igual forma) com o *glacê* de açúcar, dando um brilho à *cassata*;

u) Decore a cassata com os *pistacchi* e as frutas cristalizadas cortadas em pequenos pedaços ou em rodelas, alternando as cores;

v) Bata as claras em castelo e acrescente, aos poucos, açúcar em pó baunilhado até obter um *glacê* real;

x) Encha um saco de pasteleiro com o *glacê* real e decore a *cassata* a gosto com finos traços brancos.

z) Sirva com um licor *Maraschino*.

RECEITAS & ESTÓRIAS

# §15

## Lagosta e espargos em manteiga de baunilha
Juízos apriorísticos, Canet-en-Roussillon,

Uma lição indelével permaneceu gravada na minha memória. Quando era jovem e passeava pela pitoresca Côte d'Azur ao lado do meu amigo Rui, encontrámos fortuitamente duas mulheres francesas. Uma delas, com apenas dezassete ou dezoito anos, trabalhava na receção de um balneário encaixado na Plage du Grande Large em Canet-en-Roussillon.

Nem eu e nem o meu *compagne de route* dominávamos a língua francesa e as duas mulheres, francesas, careciam de fluência no inglês. Mas o destino—ou talvez um toque de romantismo francês—interveio. Um cavalheiro encantador, intrigado pelo nosso *flirt* hesitante, posicionou-se à entrada do balneário e assumiu o papel de tradutor.

O ar vibrava com a energia de algo novo e promissor enquanto ele facilitava a nossa conversa. Intrigado pelos nossos esforços desajeitados para estreitar o fosso entre as línguas e culturas, ele parecia ter um prazer subtil em fazer de casamenteiro. Com a sua ajuda, marcamos um jantar para aquela noite—um *rendezvous* que prometia uma mistura sensual de risos, intrigas e o potencial ainda inexplorado de um romance de verão efémero.

À medida que os ponteiros do relógio acariciavam a chegada das oito da noite, o nosso destino coalesceu em torno de uma promessa de folia noturna e comida sumptuosa. Embora ainda não moldados pelo cinzel cruel das experiências da vida, portávamo-nos com a postura de homens. Os nossos bolsos continham embalagens de latex—escudos contra as flechas frequentemente imprevisíveis do Cupido—pintando um quadro vívido nas nossas mentes de prazeres culinários e noites inundadas de paixão ardente.

Como um arauto anunciando um evento épico, a buzina estridente de um Citröen Visa cobalto rasgou o ar tranquilo. As nossas adoráveis companheiras acenaram com braços tão animados quanto as cordas de um mestre de marionetas. Esta abertura dissonante reajustou o foco dos espectadores, que agora se tornaram testemunhas involuntárias da nossa estória em desenvolvimento.

Com abraços potentes o suficiente para rivalizar com o aperto de Morfeu e com beijos infundidos com calor gálico, guiaram-nos para um restaurante que poderia rivalizar com os salões de Valhalla. Nós, meros neófitos neste reino de extravagância gastronómica, considerávamos o lugar como um universo velado em opulência e imprevisibilidade.

Era evidente a ligação imediata e inconfundível entre as nossas encantadoras consortes e o *maître d'*, uma camaradagem também partilhada pelos outros empregados naquele mundo luxuoso. Os seus olhares sobre o meu amigo, que era tão atraente quanto Adonis com os seus cabelos negros, e sobre mim, falavam uma linguagem silenciosa, insinuando capítulos secretos escritos, mas nunca expressos.

Os nossos olhos tropeçaram no *menu,* um enigma culinário tão complexo quanto um nó górdio. As nossas guias francesas, exibindo um *savoir-faire* que fazia até as escolhas mais exóticas parecerem banais, pediram iguarias tão tentadoras quanto o néctar do Olimpo e uma garrafa de champanhe que prometia embriaguez eufórica. O desafio proverbial foi lançado. Nem eu e nem o Rui conhecíamos a verdadeira efervescência que jorra dos vinhedos de Champagne.

Limitados por um aperto parco, escolhemos o que pudemos—uma mistura delicada de *purée* de ovos e *fondant* de batata-doce. Estas escolhas eram estranhas para nós; a sua seleção orientada apenas pelos limites das nossas bolsas. As nossas conhecidas francesas não tinham tais barreiras e escolhiam indulgências que ecoavam nos salões do Monte Olimpo.

Apesar da atração magnética destas damas gálicas, eu e o Rui encontrávamo-nos num terreno precário, afundando lentamente num atoleiro das nossas próprias hesitações e inseguranças. Num subtexto ininterpretável pelos nossos amigos francófonos, ponderámos estratégias de saída apressadas, desesperados para escapar do laço que se apertava. A coragem, no entanto, era uma estrela distante e assim preparámo-nos para o clímax sombrio.

Os nossos estômagos, rebeldes contra as nossas escolhas frugais, gritavam silenciosamente em fome enquanto contemplávamos os nossos papéis nesta produção aparentemente teatral. Será que isto era uma peça meticulosamente desenhada, calculada por este grande estabelecimento em aliança com as nossas escoltas exóticas, destinada a ordenhar estrangeiros desavisados como nós?

"A conta por favor," ousei pedir, rompendo o silêncio com um empregado que parecia versado no inglês.

"Nada a pagar," veio a sua resposta surpreendente e numa língua que nos era de todo compressível.

No entanto, as rodas da compreensão giravam lentamente. Estávamos errados em supor que esses seres requintados eram semelhantes às Lorelei, as míticas sereias que atraíam marinheiros para as suas mortes com a sua música encantadora, levando-nos à ruína financeira. Então a trama mudou novamente. A mulher mais velha, que tínhamos julgado mal, era nada menos que a rainha daquele castelo culinário—ela era a dona do restaurante.

Foi uma lição dura, mas vital na arte dos julgamentos apriorísticos.

Se, com o tempo, acabei por esquecer os rostos e os corpos daquelas duas belas francesas, o que é certo é que nunca esqueci a lagosta com espargos na manteiga de baunilha Bourbon. É essa receita, para 4 pessoas, que mais tarde consegui experimentar, e agora, partilho aqui.

**Ingredientes**

1. Lagostas frescas, 2 de 1 kg cada;
2. Espargos frescos, 2 kg;
3. Manteiga de baunilha de Bourbon, 200 g;
4. Estragão, 50 g;
5. Manjericão fresco, 20 g;
6. Alho seco, 2 dentes;
7. For de sal, 15 g;
8. Pimenta preta em grão, 5 g.

Preparação

a) Congele as lagostas por 30 minutos para sedá-las;
b) Retire as lagostas do congelador e coloque-as imediatamente numa panela grande com água a ferver e 10 g de flor de sal. Cubra a panela com a tampa e cozinhe por 15-17 minutos;
c) Retire as lagostas da panela, deixe-as arrefecer e escorra a água;
d) Uma vez arrefecidas, descasque-as, deixando apenas a carne;
e) Pique os dentes de alho com o estragão e o manjericão e coloque-os numa frigideira em fogo baixo, juntamente com a manteiga de baunilha Bourbon e os espargos frescos;
f) Deixe a manteiga de baunilha Bourbon derreter e mexa para combinar todos os ingredientes na frigideira;
g) Deixe a mistura arrefecer até ficar morna;
h) Regue a carne da lagosta com a mistura de manteiga de baunilha Bourbon, tempere com pimenta preta moída na hora e a restante flor de sal.

**Notas**

a) As lagostas são congeladas para sedá-las antes de cozinhar, tornando-as mais fáceis de manusear e evitando que sofram.

## §16

### Toucinho do céu do convento de Odivelas
A boleia, Vila Nova de Gaia, Portugal

Estava com o meu vizinho Miguel, de alcunha Pirilampo (devido à luz a dínamo da sua bicicleta que cintilava ao ritmo das pedaladas), na paragem do autocarro 57 para a praia da Madalena, quando um *Autobianchi* vermelho e preto parou à nossa frente com duas jovens lá dentro. Procuravam indicações para chegarem à praia.

Geralmente íamos para a praia na minha *scooter*, todavia, naquele dia, encontrava-se apreendida por castigo dos meus pais. Por isso, esperávamos o autocarro, a fim de evitar fazer os 45 minutos de caminhada que nos separavam da praia da Madalena.

Depois de grandes e confusas explicações, partilhadas entre mim e o meu vizinho, a jovem que ia ao volante daquele pequeno bólide esticou a cabeça na direção da pequena janela e perguntou-nos, "vão para a praia?"

A resposta era óbvia, pois levávamos na mão duas toalhas de praia e estávamos de calções. Eu levava ainda um saco com um doce conventual embrulhado em papel de prata, que serviria para repor as forças depois da tarde que tínhamos programado na praia com a Carla e as amigas.

A Carla era a prima dos nossos vizinhos Sónia e Luís e com quem tínhamos combinado um dia de praia, para um *flirt* de verão.

Acontece que, por sorte nossa, as nossas confusas indicações do caminho para a praia deram-nos direito a uma boleia.

"Sim, vamos para a praia," respondemos, eu e o Pirilampo, em quase perfeito uníssono.

"Então venham connosco e indiquem-nos o caminho," disse a mulher ao volante.

A jovem pendura saiu do carro, inclinou o banco do passageiro, abrindo-nos a entrada para o banco de trás, e deixou-nos entrar. A mulher ao volante ajustou o espelho retrovisor de forma a poder vigiar-nos, entre sorrisos e o olhar na estrada.

Eu e o Pirilampo, numa idade em que todos os verões eram quentes, tentávamos especular sobre a real intenção da boleia enquanto trocávamos olhares e pancadas na perna um do outro à medida que respondíamos às estranhas perguntas da condutora, que eram do género "têm namoradas?" Isto, como se dois rapazes, no auge dos seus 17 anos, tivessem ou quisessem ter namoradas.

Depois de mais de 40 minutos às voltas de carro, num percurso que duraria 8 minutos, no máximo, chegámos à praia da Madalena, antes do paredão.

"Onde vocês querem ficar?" Perguntou a mulher mais velha, com uns aparentes 20 anos.

"Pode ser mesmo ali, ao lado daquela esplanada," respondi.

"Nós também vamos parar aqui, vamos até essa esplanada," disse uma das mulheres para a outra.

O Pirilampo dá-me duas ou três pancadas na perna, como a sinalizar algo.

Saímos todos do carro, despedi-me das duas e segui caminho em direção à praia.

O Pirilampo ficou ligeiramente para trás a olhar para mim, assim como as duas jovens. Logo depois, correu até ao meu encontro para me acusar de loucura.

"És maluco? Elas estavam ali para nós. Pararam na esplanada à espera de que as convidássemos. Já viste que mulheraças? És doido?" Repetia incansavelmente o Pirilampo.

"Fiz um toucinho do céu cheio de ovos. Está fresquinho, deu-me muito trabalho e quero que Carla o prove," respondi, sem a mínima luz de arrependimento da decisão de abandonar a nossa boleia.

"És louco. És louco. Só pode," advogou o Pirilampo e com razão, perante a beleza daqueles dois belos espécimes femininos e do claro interesse em aprofundarem mais aquela boleia.

Eu tinha-me apoderado do livro de culinária dos meus pais, luxuosamente encadernado. A *Cozinha Regional Portuguesa, Doces Inteiros, Doces de Colher*, da autora Maria Odette Cortes

Valente, servia de guia para os doces que fazia quase todas as semanas e que ajudavam a queimar aqueles longos dias das grandes férias de verão e alimentar as várias festas ou dias de praia que iam havendo. Naquele dia, tinha sido o toucinho do céu do convento de Odivelas, escolhido entre vários outros toucinhos do céu cujas receitas recheavam aquele maravilhoso livro, ainda hoje na coleção dos meus pais. É essa receita, tal como ensina Maria Odette Cortes Valente, que, com a devida vénia, aqui partilho.

## Ingredientes

1. Açúcar, 460 g;
2. Água, 230 g;
3. Miolo de amêndoa, 130 g;
4. Cidrão, 125 g;
5. Gemas de ovo, 20;
6. Canela em pó, 3 g.

## Preparação

a) Leve o açúcar com a água ao lume médio até atingir o ponto pérola;
b) Triture o miolo de amêndoa;
c) Junte o miolo de amêndoa triturado, o cidrão amassado e a canela à água com açúcar e mexa;
d) Retire do lume e deixe arrefecer;
e) Junte as gemas de ovo e leve ao lume médio até engrossar e fazer *estrada* no fundo do tacho quando passar uma colher;
f) Retire do lume e deixe arrefecer;
g) Coloque o preparado numa forma de silicone ou outra forma forrada com papel vegetal;
h) Leve a forma com o preparado ao forno pré-aquecido a 250 °C por 25 minutos ou até estar cozido (estará pronto quando um palito perfurar o bolo e sair seco);
i) Desenforme e polvilhe com açúcar em pó e canela;
j) Sirva harmonizado com um *Vinho do Porto Ruby* ou um *Moscatel*.

## Notas

a) O "ponto de pérola" é atingido quando a calda de açúcar está clara e ligeiramente espessa e uma única gota deixada cair na água fria forma uma pequena bola macia;
b) Pode substituir os miolos de amêndoa por outros frutos secos picados, como nozes ou pecãs;
c) Aproveite esta deliciosa e tradicional sobremesa portuguesa!

# §17

## *Bruschetta*

As *bruschette* da Mariangela, Termi di Saturnia, Itália

Entre conversas e teorias, curvas e contracurvas desde a costa da Toscana até Manciano, cheguei com a Mariangela à *Cascate del Mulino di Saturnia*.
Aquele velho moinho, com a sua pequena cascata e várias piscinas naturais em semicírculos alinhados e formados por rochas brancas de calcário, alimentadas por águas termais que escoavam no longo rio que atravessava os campos, era um lugar que parecia esquecido, de propósito, no meio dos campos da Toscana agrícola, para os românticos e apaixonados se entregarem aos prazeres da vida apenas sob a vigilância do sol ou outras estrelas.

"Olha ali ao fundo? É a *Cascate del Mulino di Saturnia!*" Disse a Mariangela.

"Aquela casa velha na água?" Perguntei.

"Sim, é lindo. É água sulfurosa a 35 °C. Nesta altura, está sempre lotado, por isso é que paramos neste topo das margens do rio. Daqui a vista é fantástica e estas árvores dão-nos sombra," disse a Mariangela, acrescentando, "pega esta manta e estende-a ali. Vou ensinar-te a fazer uma *bruschetta*," ordenou-me Mariangela passando-me para a mão uma manta que trouxe do carro.

"Tens saca-rolhas?" Perguntei, com uma garrafa de vinho *Brunello di Montalcino* na mão, que tínhamos comprado no supermercado *Coop* em Manciano.

"Esqueci-me de comprar!" Exclamou a Mariangela.

"Sem problema. Passa-me a faca," respondi.

Enfiei a faca o mais fundo possível na rolha e girei a garrafa de um lado para o outro, ao mesmo tempo que puxava a faca para cima. A rolha saiu à terceira tentativa.

"A *bruschetta* é tradicionalmente feita com pão seco. Era a forma que os antigos camponeses tinham de aproveitar tudo ao máximo. O alho, o tomate e o azeite eram particularmente abundantes na Toscana, especialmente perto de Firenze," explicou a Mariangela.

"Como vais torrar o pão?" Perguntei.

"Achas que os camponeses torravam o pão no meio dos campos e das campanhas? Não. Eles humedeciam o pão duro com azeite e tomates frescos e pronto! Existem muitas variações das *bruschette*; depende de região para região. Vamos fazer a minha preferida," disse a Mariangela.

"Ok, vamos," concordei.

"Rega o pão com azeite," instruiu-me a Mariangela.

"Assim?" Perguntei, mostrando-lhe a quantidade de azeite que tinha derramado na fatia de pão.

"*Perfetto*! Agora raspa um dente de alho sobre o pão... Pega nessa metade de tomate e raspa-a também no pão... Agora coloca um pouco de sal e de pimenta," continuou ela, instruindo-me passo a passo.

"Foi muito boa ideia, esta da *bruschetta*! É uma receita muito simples e perfeita para o local," conclui, enquanto me preparava para dar uma trinca na deliciosa *bruschetta*.

"Espera, não comas! Primeiro, polvilha com um pouco de orégãos secos e coloca uma folha de manjericão em cima. Nós também comemos com os olhos, então é bom que fique bonito," disse a Mariangela.

Eu ri e segui as instruções.

"Posso comer agora?" Perguntei.

"Aguenta. Deixa-me tirar uma foto. Segura a *bruschetta* com a cascata e o moinho ao fundo," pediu a Mariangela enquanto preparava o seu *iPhone* para uma foto.

"Tudo está maravilhoso: a companhia, a vista, o clima, a *bruschetta*, o vinho... Mas não te posso dar um beijo depois de comer este alho todo," disse eu, sorrindo.

A Mariangela inclinou-se sobre mim e beijou-me. De repente parou, olhou para mim, sorriu e continuou a beijar-me até eu cair para trás, deitado na manta. Ela então saltou para cima de mim e pediu-me, "pede três desejos."

"Como assim?" Perguntei, confuso.

"Finge que sou a tua fada madrinha. Pede-me 3 desejos," insistiu a Mariangela.

"Não achas que já somos crescidos para brincarmos às fadas?" Questionei, incapaz de conter o riso.

"Vamos lá, não sejas um desmancha-prazeres. Diz-me os teus desejos sexuais ou românticos, e eu vou conceder-te. É uma encenação; um *role-play*," respondeu.

Enquanto isso, com as pernas em volta da minha cintura, ela forçou-me a rodar sobre ela e sair da manta, para a relva, entre as árvores. Fiquei por cima dela.

"Qual é o teu primeiro desejo?" Perguntou-me com os olhos fixos nos meus.

"Existem condições?"

"O que que queres dizer com isso?" Interrogou a Mariangela.

"Quais são as condições? Qual é o truque?" Questionei.

"Sem condições," respondeu ela, séria.

Pensei durante apenas alguns segundos e respondi, "desejo ver-te caminhar até ao rio e mergulhar na água, completamente nua."

Ainda estavam algumas pessoas na água, perto do velho moinho e ao longo do rio de águas turquesas.

A Mariangela tirou a roupa toda e ficou apenas com as sapatilhas *Golden Goose* que trazia calçadas.

"Para passar o campo, tenho que ir calçada," esclareceu ela.

O seu corpo bronzeado contrastava com seus cabelos loiros e brilhantes. As curvas dos seus seios e rabo destacavam-se entre as árvores, campos e fardos de palha.

A Mariangela enrolou-se na manta de piquenique que apanhou do chão e começou a caminhar em direção ao rio.

Fiquei alguns instantes a olhar para ela a descer a ladeira, até que resolvi fazer o mesmo. Despi-me, ficando apenas com as minhas sapatilhas e segui-a completamente nu. Peguei na garrafa de vinho e em dois copos e fui atrás dela.

Mais tarde, regressamos à nossa clareira. O sol já não estava tão alto, o céu ficara alaranjado e as águas termais tinham-nos relaxado.

Quando chegamos à árvore, a Mariangela pegou na manta que tinha enrolada à volta do corpo e estendeu-a no chão.

"Ainda tens mais dois desejos," lembrou-me.

"O meu desejo é que sejas tu a escolher o próximo desejo," respondi.

"*Amami*! [Ama-me!]" Respondeu a Mariangela.

Encostei o meu corpo ao dela e beijei-a. Caímos nus na toalha e continuamos a beijarmo-nos. Podíamos ouvir os carros mais adiante na rua, mas estávamos escondidos pelas árvores ao redor.

Enquanto estávamos deitados no meio do campo dourado, o pôr do sol continuava a aquecer os nossos corpos nus com os seus suaves raios alaranjados.

"Não há mais vinho," disse eu.

"Esse é o teu terceiro e último desejo? Mais vinho?" Perguntou a Mariangela.

"Não. Eu gostaria que o tempo parasse, aqui e agora," respondi, pedindo o meu terceiro e último desejo.

"Desejo realizado," disse Mariangela. Depois beijou-me e o tempo parou.

A receita da *bruschetta* da Mariangela, como se viu, é muito simples. Mas eu gostei tanto, que a adotei aos meus lanches de fim de semana, com algumas adaptações, de forma a torná-la ainda mais saborosa. É a reinterpretação das *bruschette* da Mariangela, cuja receita agora partilho, mas mantendo toda a sua simplicidade.

## Ingredientes

1. Pão de massa mãe ou equivalente, 4 fatias grandes;
2. Alho, 4 dentes;
3. Tomates *cherry* maduros, 200 g;
4. *Passata* com manjericão, 100 g;
5. Azeite extra virgem, 168 g;
6. Vinagre balsâmico de Modena, 14 g (uma colher de sopa);
7. *Parmigiano Reggiano DOP*, 20 g;
8. Louro, 2 folhas;
9. Flor de sal, 6 g;
10. Manteiga preta em grão, 4 g;
11. Orégãos secos, 4 g;
12. Manjericão frescos, 4 folhas.

## Preparação

a) Coloque os tomates numa travessa de cerâmica com a *passata*. Por cima, dentes de alho cortados a meio, as folhas de louro e os orégãos secos;

b) Regue com uma colher de sopa de azeite extra virgem e com o vinagre balsâmico de Modena IGP;

c) Coloque a travessa no forno a 250 °C, por 20 minutos;

d) Enquanto, frite, numa sertã larga, as fatias de pão de ambos os lados até ficarem douradas colocando, para cada fatia, uma colher de sopa de azeite extra virgem na sertã;

e) Retire os tomates do forno e espalhe-os com uma colher sobre as fatias de pão. Distribua a flor de sal e a pimenta preta em grão moída na hora por cada *bruschetta*;

f) Rale o *Parmigiano Reggiano DOP* por cima das *bruschette* e sirva acompanhado por um vinho *Brunello di Montalcino*.

## Notas

a) Pode substituir o pão de fermento natural por outros tipos de pão, como *ciabatta* ou *baguette*;

b) Ajuste a quantidade de alho e de picante conforme a sua preferência e gosto;

c) Para uma opção vegetariana, omita o Parmigiano Reggiano DOP.

## §18

## Limoncello

A receita da Iolanda, Vico Equense, Itália.

Os limoeiros *Femminello Zagara Bianca*, tal como o nome indica, diferem das outras espécies pela cor branca das suas flores, em vez do lilás ou rosa da maioria das flores dos limoeiros comuns.

Estes limoeiros, assim como a maioria das variações *Femminello*, são amplamente cultivados na Sicília e na costa Sorrentina, em Itália.

São limoeiros *bravos*, com ramos bastantes espinhosos e de folhas verdes escuras, ligeiramente arredondadas que produzem frutos abundantemente durante todo o ano. Os seus limões são extremamente suculentos e, por isso, muito utilizados na culinária, tanto em sobremesas, como em licores, como é o caso do famoso *limoncello*.

Eu decidi que tinha de ter um limoeiro desses, já grande, com mais de 2 metros de altura, dentro de um vaso na varanda da minha casa, em Portugal.

Lembrei-me de pedir ajuda aos bons ofícios da Iolanda, que há muitos anos tinha cuidado de mim, numas férias pela costa Sorrentina. Ela cuidou tão bem da minha gastrite, que me recordo ter coincidido com o Dia dos Namorados, que, passados 3 dias, comia já uma grande pizza na *L'Università della Pizza* e um *gelato di ricotta e pere* na *gelateria* Gabriele, ambos naquela cidade.

Contactei a Iolanda, que vive em Pompei, para me ajudar na aquisição de um limoeiro *Femminello Zagara Bianca*. Contando com a arte e os ofícios do seu amigo Antonio Pagano, proprietário de um viveiro de plantas de fruto, conseguimos a proeza de despachar o limoeiro, em cima de uma palete, envolvido num grande plástico perfurado, através da transportadora global Dachser.

Aquele limoeiro espinhoso, durante 7 dias, foi conhecido pelos transportadores da Dachser desde Itália, passando por Barcelona, onde ficou retido numa greve de camionistas, até Portugal. No simpático *call center* da Dachser não havia quem não soubesse do limoeiro, que estava a ser acompanhado e cuidado, como se fosse uma carga de preciosos diamantes.

No centro de distribuição da Dachser da Aveleda, em Portugal, todos queriam saber quem tinha sido o louco que tinha mandado vir um limoeiro de Itália e o que é que essa árvore, muito comum em Portugal, tinha de tão especial. O certo, é que o limoeiro estava em exposição, bem no centro do grande armazém da Dachser, no caixote mais alto ali existente – pelo que era apreciado por todos que ali passavam, como se fosse uma espécie rara, em vias de extinção.

"O que tem este limoeiro de especial?" Perguntou-me o trabalhador da Dachser que o carregou.

"Produz o licor da juventude," respondi, a sorrir e acrescentei, "*limoncello*".

"Aquele licor italiano?" Questionou-me.

"Esse mesmo," confirmei.

O limoeiro trazia apenas um grande limão, uma vez que tinha sido perfeitamente podado pelo Antonio, ainda em Itália.

Meses depois, quando o limoeiro frutificou e os seus limões ficaram amarelos, bem maduros, fiz o meu primeiro *limoncello* em casa, seguindo a receita original da Iolanda. É esta receita, que com a devida vénia à Iolanda, aqui partilho e que remonta ao tempo da avó de Massimo Canale, que foi quem registou a marca *limoncello* em 1988, na ilha de Capri, em Itália.

## Ingredientes

1. Limões biológicos (de preferência *Femminello*), 6;
2. Açúcar mascavado, 600 g;
3. Álcool etílico 96° (alimentar[3]), 405 g (500 ml);
4. Água, 750 g (750 ml).

## Preparação

a) Lave muito bem os limões com água corrente;

b) Descasque os limões, retirando apenas a parte amarela da casca (não use a parte banca que costuma ficar por dentro da casca);

c) Coloque as cascas de limão e o álcool dentro de um recipiente com fecho hermético e armazene num local escuro e fresco por 30 dias;

d) Passado 30 dias, coloque a água e o açúcar numa panela e leve a lume médio até começar a ferver, fazendo uma calda;

e) Retire a calda do fogo e deixe arrefecer completamente;

f) Coloque a calda no recipiente com fecho hermético junto com o álcool e as cascas de limão e armazene num local escuro e fresco por 60 dias;

g) Após os 60 dias de repouso, agite o recipiente com o *limoncello*, para misturar tudo muito bem. Filtre o *limoncello* num coador de malha fina para dentro de uma garrafa;

h) Sirva o *limoncello* fresco, com uns quadrados de chocolate *fondant* após a refeição.

## Notas

a) Recomenda-se o uso de limões orgânicos para evitar que resíduos de pesticidas afetem o sabor do limoncello;

---

[3] Álcool etílico de origem agrícola com um título alcoométrico volúmico mínimo de 96,0 % vol., sem qualquer sabor detetável para além do sabor da matéria-prima utilizada na sua produção e acidez total máxima de 1,5 g por hectolitro de álcool a 100 % vol.

b) O açúcar mascavo adiciona um sabor mais rico em comparação ao açúcar branco, que cria um perfil de sabor mais limpo;

c) Ajuste o teor alcoólico adicionando mais ou menos água conforme a sua preferência.

## §19

### Gelato di ricotta Paradiso

O *Paradiso* da Astrid, Barcelona, Espanha

Um quarto de hora passou-se enquanto eu guiava o *drone*, capturando os detalhes do barco, das pessoas a bordo e dos veículos estacionados nas proximidades. Com as filmagens armazenadas, chamei o *drone* de volta. À medida que se aproximava, a pairar como um beija-flor no céu, estendi o meu braço para recebê-lo. De repente, outro braço surgiu ao lado do meu, com a palma aberta, pronta para reclamar o meu *drone*.

"Um ladrão?! É o segurança da marina? Ou pior, a polícia?!" As perguntas surgiam como uma chuva torrencial, levando-me a segurar o *drone* antes que este estranho pudesse apoderar-se dele. Preparando-me para agarrar o *drone* e fazer uma rápida saída, fui interrompido por um par de olhos cintilantes e um sorriso radiante que parecia iluminar a área circundante. Um encanto magnético manteve-me no lugar.

"Quem é ela? Conheço-a?" Perguntei-me, mesmo enquanto lhe retribuía o sorriso, sem conseguir recordar tal conhecida dos meus dias em Barcelona. Ela parecia ter aparecido do nada, mantendo o seu encantador sorriso enquanto passava por mim, em direção ao cruzamento da Plaça de Pau Vila e Carrer de l'Ictíneo.

Ela parou a meio caminho, virou-se e espelhou o meu gesto de aterragem do *drone* com a palma da mão levantada. Um movimento inesperado que retribuí dirigindo o *drone* para filmá-la. O seu sorriso era uma visão deslumbrante, os seus passos pareciam coreografados em câmara lenta enquanto se aproximava de mim.

"*¡Hola!*" Cumprimentei-a em espanhol.

"*Hi,*" veio a sua resposta em inglês.

"Conhecemo-nos?" Sondei.

"Agora conhecemos," foi a sua resposta misteriosa.

"Presumo que não és espanhola."

"Não. Norueguesa," admitiu ela e apresentou-se, "Astrid." Ela estendeu a mão na minha direção, com o encantador sorriso intacto.

"Leilac. Leilac Leamas," retribuí o gesto, batizando o nosso encontro fortuito. Com a minha curiosidade desperta, perguntei, "estás a explorar toda a Espanha ou apenas Barcelona?"

"Espanha. Já estive em San Sebastian, Bilbao, Haro, Burgos, Leon, Salamanca, Segovia, Madrid... Málaga... Valencia... e agora Barcelona. Ah, e Figueiras, para ver o Museu Dali," respondeu ela entusiasticamente.

"Uau! Realmente uma viagem espetacular por Espanha," elogiei, perguntando, "estás a divertir-te?"

"Imenso. Madrid e Barcelona já conhecia, mas os outros lugares... são descobertas espetaculares!"

"Santiago de Compostela, no noroeste, e Ronda, perto de Málaga, também valem a pena explorar," sugeri, esperando mostrar o meu conhecimento da Espanha. "O Museu-Teatro Dali é uma maravilha arquitetónica incomparável, tudo graças ao próprio Dali."

"De facto. Fiquei encantada. É como se estivéssemos num sonho, quase surreal, mas completamente real."

"O mundo alucinatório do surrealismo, como o próprio Dali o denominou."

"A obra e o génio de Salvador Dali nunca deixam de me surpreender," confessou Astrid, com o seu encantador sorriso a alargar-se.

"O mesmo aqui e até tenho algumas das suas obras, litografias e serigrafias. Apesar de serem cópias assinadas e numeradas, são ainda assim tesouros que fui acumulando ao longo dos anos. Nunca deixam de me espantar."

"Parece que os nossos gostos se cruzam," reconheceu a Astrid, com o seu sorriso agora a brilhar intensamente.

"Estás a viajar sozinha?" Não pude deixar de perguntar.

"Sim. Precisava de respirar, de estar num belo país sem restrições de tempo e lugar."

"Entendo. Às vezes, também preciso de ficar sozinho, sabes, para fugir do mundo e do seu caos," empatizei, arriscando-me com a minha próxima pergunta, "há algum amor perdido do qual estás a tentar recuperar?"

"Quase," respondeu a Astrid, com o seu sorriso um pouco mais reservado, mas ainda persistindo na sua graça.

"Posso convidar-te para almoçar? A hora aproxima-se e conheço um lugar esplêndido aqui perto," propus, esperando prolongar o nosso encontro.

"Absolutamente. Mas só para avisar, sou vegetariana, mas de vez em quando como marisco," a Astrid informou-me.

"Parece que o nosso interesse comum vai além do Dali. Eu também prefiro uma dieta pescetariana. O restaurante fica logo ali, do outro lado da rua—The Green Spot. Podemos ir a pé, fica a menos de cinco minutos."

"Quando te observei ali, perdido no teu próprio mundo, senti uma atração. Tinha estado a observar-te discretamente por trás. Com o teu olhar a oscilar entre as tuas mãos e o céu, eu tentava decifrar as tuas ações até que percebi—o *drone*," a Astrid partilhou, revelando a sua curiosidade inicial.

"De facto. Instintos. Mas sabes, alguns estudos dizem que pessoas heterossexuais com certas peculiaridades podem ter mais sucesso em encontrar parceiros," respondi, guardando o meu *drone* enquanto ostentava um sorriso compreensivo.

"Espero não estar a interpretar-te mal. Tu não estás a esconder nenhum segredo obscuro, pois não?" A Astrid brincou, com a sua risada a ecoar à nossa volta.

"Sem segredos, garanto-te. Dá-me só um segundo para guardar isto e então podemos ir até a aquele incrível restaurante vegetariano. Acho que vais gostar," retorqui, arrumando o *drone*, com a conversa entre nós leve e brincalhona.

Enquanto perambulávamos até o restaurante, descobri que a Astrid tinha 37 anos, era ortodontista e tinha deixado a sua prática por razões que mantinha ocultas, apesar da minha insistência. Ela tinha rompido laços com um possível parceiro de vida três anos antes, uma estória que também mantinha guardada. Havia um mistério em torno da Astrid que me intrigava, apesar da nossa conversa não ter durado mais do que alguns minutos.

Chegámos ao The Green Spot, um restaurante que promove a comida vegetariana num ambiente convidativo e minimalista.

Sem reservas, fomos incentivados a aguardar num sofá que circundava uma grande mesa ocupada por outros clientes à espera da sua vez.

Enquanto nos acomodávamos, a Astrid desfez-se do seu casaco cinzento de duas abas, revelando uma silhueta esguia acentuada por uma camisola de lã justa num tom terroso. Os seus seios cheios e redondos, sem restrições de qualquer roupa interior, realçavam a sua forma feminina. A combinação de uma saia preta, meias de nylon transparentes e um par de ténis Philippe Model Paris revestidos a prata e com atacadores cor de salmão, conferiam-lhe um ar encantador, quase celestial, pontuado com um toque de rebeldia.

Absorvi cada gesto e cada movimento dela. Mesmo em repouso, a Astrid exalava uma elegância simplesmente encantadora.

"O que te apetece beber?" Perguntei à Astrid.

"Não tenho a certeza. Vinho, talvez? De preferência, um tinto."

"Tens uma *vibe* tranquila e angelical. Mas aí… por baixo disso, tens uma faísca escondida—um fogo aí dentro… Não sei, intensa," confessei à Astrid, deixando-a surpreendida. Rapidamente virei-me para a empregada que passava e chamei-a.

"Mesmo? Achas?" A Astrid perguntou, recorrendo ao velho contra-ataque, "ou é essa uma frase que ensaiaste para todas as mulheres que encontras?"

"Gostaria de pedir um copo de vinho tinto, algo como Ribera del Duero ou Rioja, uma Aperol Spritz servido num copo alto e algumas *kale chips* assadas no forno, se fizer favor," pedi à empregada que, agora, tinha respondido ao meu chamado.

"A nossa Aperol Spritz é sempre servida num copo alto. Querem acrescentar o pedido da comida para ser servido quando a vossa mesa estiver pronta?" A empregada perguntou.

"Precisamos de uns minutos para decidir sobre a comida. Mas obrigado, isto é tudo por agora," respondi, depois voltei a minha atenção para a Astrid para responder à sua observação anterior, "ofereço elogios onde eles são devidos e no teu caso, garanto-te, é bem merecido."

"A vida é muito louca, não é? Tudo está tão incerto. Como, de um minuto para o outro, tudo está bem, no seguinte, quem sabe? Beleza, riso, a própria vida–é tudo um grande ponto de interrogação," a Astrid refletiu.

"Tanta negatividade. Relaxa. Aqui estamos nós, dois estranhos de terras diferentes, a partilhar uma conversa durante o almoço neste encantador resturante. Vamos saborear o vinho e lembra-te, o dia ainda é jovem," tentei amenizar o clima.

"Negatividade? Pelo contrário. Sou uma firme crente na positividade. Devemos agarrar a vida, deliciarmo-nos com todos os seus presentes, sem comprometer o nosso futuro. Devemos aceitar a incognoscibilidade do que o amanhã poderá trazer. *Carpe Diem*!" a Astrid declarou com uma calma, mas firme determinação.

"De facto, não perguntes, não podemos saber, que fim os deuses têm reservado para ti, para mim; nem tentes os cálculos babilónicos Leuconoë. Quão melhor é suportar o que vier, quer Júpiter nos conceda mais invernos ou este seja o último," respondi eu.

"Essas palavras... elas ressoam profundamente," confessou a Astrid, com um sorriso suave a adornar o seu rosto.

"É uma ode de Horácio, o poeta e filósofo romano. A essência é esta, mesmo que as palavras não sejam literais. Daí, a origem do *Carpe Diem—Carpe Diem, quam minimum credula postero*," respondi, as minhas palavras a trazerem outro sorriso à Astrid.

"O seu vinho, uma seleção de Ribera del Duero. As *kale chips* e a Aperol Spritz também estão prontas," anunciou a empregada, servindo o vinho à Astrid.

"Percebo que a tua viagem por Espanha alinha-se com essa tua *vibe* de agarrar o touro pelos cornos. Mas tu continuas a rolar, a viver, exatamente no teu auge," observei.

"Eu tenho 37 anos, tal como já te disse," retorquiu a Astrid.

"Sabes, a maioria das pessoas começa a pensar assim bem mais tarde, tipo nos 50 ou 60 anos. Alguma coisa significativa deve ter acontecido contigo, certo?" Sondava eu, apenas para ser interrompido pela empregada.

"A sua Spritz e as *kale chips*," afirmou a empregada, colocando o copo e a tigela de *kale chips* na mesa.

"O que é isto?" A Astrid perguntou-me, escolhendo uma das *kale chips*, evidentemente para desviar a nossa conversa da iminente questão sobre a sua vida—um tópico que ela parecia evitar.

"Experimenta. É delicioso. Uma alternativa mais saudável para as batatas fritas tradicionais. É couve, lavada e sem talo. As folhas são assadas no forno até ficarem crocantes, polvilhadas com um toque de *fleur de sel* e azeite," expliquei.

"Mmm! Na verdade, é bastante saboroso. Este lugar é fantástico. Tem um ótimo ambiente, uma multidão atraente, música relaxante, e é simultaneamente luminoso e acolhedor," a Astrid observou, deitada no sofá enquanto mordiscava as *kale chips* e saboreava o seu vinho tinto espanhol.

A nossa conversa fluiu sem esforço durante o almoço, saltando de tópico em tópico. No entanto, a Astrid foi cuidadosa em não se aprofundar muito na sua vida pessoal. Eu não sabia nada sobre os seus relacionamentos passados, a sua família, as suas aspirações além do que ela tinha partilhado durante a nossa breve caminhada até ao restaurante. Ela permanecia um enigma, o seu nome, a idade e a nacionalidade eram as únicas peças desse *puzzle* que eu sabia.

Ao terminar o nosso almoço, estendi-lhe um convite para me acompanhar ao meu hotel, o Duquesa Cardona, que ficava a dois minutos a pé. A ligação que havíamos forjado era tão profunda e imediata que ela abraçou-me durante a nossa caminhada e deu-me um beijo. Seguimos em direção ao hotel de uma maneira que condizia com pessoas que se conheciam há muitos anos.

Os nossos beijos ardentes incendiaram o elevador, uma trilha que deixamos para trás até nos encontrarmos na luxuosa cama do hotel, roupas descartadas na fúria da paixão. Encontramos conforto nos braços um do outro durante toda a tarde que se prolongava. Era como se eu a conhecesse desde sempre, essa estranha, cuja beleza escondia a mulher ardente por dentro.

\*\*\*

"Vais jantar comigo esta noite? Ficas?" Perguntei-lhe, com o meu olhar perdido no dela.

Ela respondeu com um simples "sim," e eu sorri, a ideia de lhe mostrar a beleza de Barcelona iluminou os meus olhos.

"Importas-te que me refresque antes de sairmos?" Ela pediu.

"Ou que tal deixarmos o meu aroma ficar um pouco mais em ti?" Convenci-a. A minha mão encontrou o telefone junto à cama para marcar um táxi. Aquela noite era como a "Carmen", a ópera de Bizet, à espera de ser tocada e a cidade o nosso palco. A nossa saga estava apenas a começar.

Uma vez vestido, agarrei a garrafa de *cava* do *frappé*—um vinho espumante espanhol, uma oferta de cortesia do hotel—juntamente com dois copos.

"Vamos rápido, quero ver se chegamos a tempo," instiguei a Astrid a apressar-se, a minha ansiedade era evidente na minha voz.

"A tempo? A tempo para quê?" A Astrid questionou, com uma curiosa inclinação na sua cabeça.

"Paciência, querida. Verás."

Um táxi esperava-nos à entrada do hotel e deslizámos para o seu interior. O meu coração palpitava com uma excitação inexplicável e com a vivacidade de um jovem que acabara de provar o néctar do primeiro amor. No torpor do fim tarde, as minhas batalhas iminentes pareciam inconsequentes. A Astrid era mais do que uma simples diversão; ela era um encontro inesperado que adicionava um toque de espontaneidade à minha vida rigorosamente estruturada. Era estranhamente libertador partilhar tal intimidade com uma estranha, cujo último nome permanecia um mistério. A possibilidade racional de cair numa armadilha nem sequer roçou os meus pensamentos.

"*Por favor, ao Turó de La Rovira*," instruí o taxista, levando-nos a um destino a cerca de trinta minutos de distância.

"Para onde?" A Astrid perguntou com os olhos iluminados de curiosidade.

"Verás," foi a minha simples resposta.

A nossa viagem foi um interlúdio tranquilo, pontuado com olhares roubados, beijos ternos e carícias gentis na sua perna.

"*Por favor, venga a buscarnos en treinta minutos*," pedi ao motorista, marcando um encontro para dali a trinta minutos.

Levei a Astrid, a garrafa de *cava* e os copos na mão, prometendo, "é só subir esta rua." Passeámos pela Carrer de Marià Labèrnia, um humilde caminho ladeado por pequenas casas de tijolo e branco.

Eu tinha, anteriormente, dado instruções explícitas ao motorista para se aproximar pela Carrer de Marià Labèrnia em vez da Carrer del Turó de la Rovira. O objetivo era prolongar o *suspense* até escalarmos as escadas para o nosso destino final.

Ao chegar, os olhos da Astrid alargaram-se de admiração. "Oh, que lindo," ela suspirou, o olhar fixado na vista panorâmica de Barcelona estendida abaixo de nós.

"É a melhor vista de Barcelona," disse, abrindo a *cava* com aquele barulho efervescente do espumante.

"A Sagrada Familia está ali mesmo. Pode-se ver bem," a Astrid maravilhou-se. A sua felicidade era evidente.

Apontando marcos, comecei, "a Sagrada Familia, Torre Glòries, Torre Mapfre, hotel W, o mar…" depois, movendo um pouco a minha mão para a direita, "e até ao Montjuïc."

"E esta luz, a *golden hour*. Lindo," ela suspirou em admiração. Com a voz num sussurro contra a brisa refrescante, agradeceu, "obrigada. Este é um dos melhores dias que tive em anos."

As palavras dela ecoaram no ar, marcando o momento. Não era o melhor dia na memória recente, ou do mês passado, ou mesmo do ano passado. Era um dos melhores dias em anos.

Com um gesto cavalheiresco, apresentei-lhe um copo, despejando a *cava* efervescente nele. "Um brinde ao pôr do sol sobre Barcelona," propus, com os nossos copos a tilintarem no tranquilo crepúsculo.

O nosso encontro com o motorista do táxi estava a aproximar-se, mas roubámos mais alguns momentos preciosos para saborear o esplendor da cidade, criando memórias numa tela pintada com os tons vibrantes do pôr do sol.

\*\*\*

Mais tarde, mudámo-nos para o Matsuri, um restaurante de sushi nas estreitas vielas do Barri Gòtic, a meros cinco minutos a pé do hotel. Aconchegados nos confins confortáveis do restaurante, o *Chef* recebeu-nos com uma taça de edamame. As sojas levemente salgadas sabiam a céu após um dia preenchido com paixão e *cava*. A fome roía as nossas barrigas.

"Eu nunca teria encontrado este restaurante escondido neste beco escuro no meio de um aglomerado de pequenas lojas," a Astrid admitiu.

"Às vezes, as melhores descobertas são feitas nos locais menos esperados, puramente por acaso. Às vezes, são estas descobertas que nos encontram," refleti em voz alta, mexendo pensativamente na taça de *edamame*.

Com um sorriso brincalhão, a Astrid perguntou, "estás a falar do restaurante ou de mim?"

Eu ri-me, evitando uma resposta direta, "adorei teres-te cruzado no meu caminho." Fiz uma pausa antes de acrescentar, "estou curioso para saber onde este encontro casual nos vai levar."

"Não," a Astrid interrompeu, com o tom meio sério, "não penses no futuro. Vive o presente. *Carpe Diem*, lembras-te?" A aversão dela ao futuro parecia um navio a recusar-se a reconhecer o icebergue iminente. Como um pássaro a voar cegamente para uma tempestade, ela afastava-se de qualquer conversa sobre o que estava por vir, deixando-me a nadar num mar de incerteza. O silêncio dela, um mistério mais profundo do que a Fossa das Marianas, fazia-me questionar tudo o que partilhávamos. Seria ela um pássaro já enjaulado num casamento, a voar livre apenas por um dia? Ou seria o nosso amor, uma caminhada na corda bamba transcontinental, demasiado precário para ela se equilibrar? Estas perguntas sem resposta permaneceram na minha mente, uma presença fantasmagórica, projetando longas sombras impenetráveis nos meus pensamentos, transformando cada momento numa agoniante espera suspensiva pelo amanhecer da clareza.

Ao terminarmos a nossa refeição, sugeri, "há uma gelataria espetacular aqui perto. Eles fazem o melhor *gelato* de toda a Barcelona. Vamos lá?"

"Tenho-te seguido o dia todo e cada momento tem sido uma agradável surpresa. Foi realmente o melhor dia em anos," a Astrid declarou, com as suas palavras a ecoarem na minha mente.

Em poucos minutos, estávamos à entrada da *Gelaati di Marco*. "O Marco, o dono, é de Milão. Ele mudou-se para Barcelona com a sua mulher turca, a Dana, e abriu esta gelataria," partilhei, espreitando à procura do casal, "não os vejo por aí. Ela é bastante distinta, difícil de não reparar. São pessoas espetaculares."

A Astrid notou, "o gelado deles deve ser bom. Olha para a fila."

"Tens um sabor favorito?" Perguntei, já sabendo os sabores que ali eram imperdíveis.

"Acho que... chocolate," ela encolheu os ombros.

"Posso escolher por ti? Confia em mim, vais adorar os sabores que tenho em mente," propus, na esperança de que ela concordasse em experimentar os meus favoritos.

"Claro. Confio em ti. Sou toda tua," a Astrid provocou-me.

"Tem cuidado, confiar em mim enquanto a noite ainda é jovem!" Retorqui, com um brilho maroto nos meus olhos.

"Não tenho medo. Contigo, sinto-me destemida. É como se tivesses a vida na palma da mão, com uma força imparável. Pareces saber como viver e liderar," a voz da Astrid detinha um tom de sinceridade, as suas palavras, por mais simples, eram sempre profundas e significativas.

Dirigindo-me ao funcionário da gelataria, encomendei, *"por favor, un cono con dos sabores: Paradiso y Bacio di Dana. Otro igual, por favor,"* pedindo dois cones de gelado com os mesmos dois sabores.

"*Paradiso* é uma mistura extraordinária de chocolate com compota de maracujá e pão espanhol embebido em rum. *Bacio di Dana*, em homenagem à mulher do Marco, tem uma textura crocante que explode na boca," expliquei, entregando-lhe os *gelati*.

Surpreendida, a Astrid exclamou, "uau! Este é o melhor gelado que já provei. Tudo é tão maravilhoso contigo," enquanto saboreava ambos os sabores e matinha o seu olhar preso no meu.

"Vamos a pé até hotel enquanto saboreamos o nosso *gelato*?"

"Claro! Está uma noite tão agradável, apesar do fim do verão," concordou a Astrid, com um sorriso a brincar nos seus lábios.

\*\*\*

"Estamos mesmo à entrada do hotel. Adorava acordar contigo ao meu lado. O pequeno-almoço aqui é verdadeiramente espetacular," respondi enquanto entrávamos no *lobby* acolhedor e quente.

Na nossa *suite*, o nosso desejo desvendou-se num banho escaldante e beijado pelo vapor. O toque sedoso da água era apenas uma sombra do calor abrasador que dançava, indomável, no ar em volta de mim e da Astrid. Enquanto as gotas de água piruetavam pela sua forma angelical, envolvi-a numa aconchegante toalha de marfim, cujo conforto acolhedor contrastava com a intensidade dos momentos que vivenciamos.

Banindo os restos da espuma do gel de banho, as minhas mãos executaram um *ballet* pelo corpo da Astrid, agraciando-a com o cuidado e a admiração que ela merecia. De um pequeno recipiente oferecido pelo hotel, extraí uma óleo suave. O seu aroma potente cantava notas exóticas de doçura e almíscar. Trabalhei delicadamente essa loção nos seus ombros tensos, as pontas dos meus dedos valsaram num ritmo tão antigo quanto o tempo, aquecendo o líquido à medida que se moviam. O seu corpo delicado cedeu ao meu toque, com uma ode silenciosa à fé que ela depositava em mim.

Os seus olhos, abismos gémeos, atraíram-me e eu fui uma vítima feliz do seu encanto. Os nossos corpos colidiram na cama e os lençóis de cetim murmuraram o encontro apaixonado que se desenrolou.

Com o manto da noite a cair à nossa volta, cada toque, cada respiração transformou-se numa serenata de amor, uma composição melódica de desejo desinibido. Esta era a nossa terceira incursão no reino da paixão naquele dia, com cada encontro a tornar-se mais potente do que o último. No entanto, foram as aventuras do dia, a mistura do novo e do emocionante, que amplificou o encanto da nossa união à meia-noite.

Cada suspiro, cada murmúrio do seu nome era um testemunho de uma paixão tão feroz quanto mil estrelas ardentes. Com cada exploração, cada beijo, rendíamo-nos ao ritmo da nossa paixão. No meio deste turbilhão de desejo, os nossos corpos tornaram-se monumentos à profunda força do sexo, encontrando alívio no sono apenas quando a satisfação reinava suprema, deixando para trás os ecos ressonantes da intensidade que tinha governado a nossa noite.
\*\*\*

À medida que o sopro da manhã gentilmente se infiltrava no quarto, mexi-me, apenas para descobrir que ela estava ausente do calor da nossa cama, deixando-me com um vazio inexplicável e uma pontada de decepção. Os íntimos momentos de carinho de ontem agora pareciam ecos efémeros, sonhos que se desvaneciam com a luz da manhã. Refleti sobre a natureza transitória do amor; ele chega como um toque suave, mas desaparece como um sopro de ar, deixando uma tristeza profunda no seu rastro.

A luz da manhã cintilava, o seu brilho pressionava-se contra as cortinas. O mundo lá fora chamava e a solidão dentro do quarto roía-me. Lancei as cortinas para o lado, acolhendo o abraço radiante do sol, mas ausência da Astrid parecia lançar uma sombra mais longa. A cama outrora preenchida jazia agora deserta; a sua partida silenciosa passara despercebida aos meus sentidos adormecidos.

Um peso peculiar instalou-se dentro de mim, um desconforto desconhecido. A janela oferecia uma panorâmica do mundo em movimento, um contraste gritante com a quietude do meu coração. Adjacente à chaleira do hotel, uma única folha jazia sobre a mesa, a sua superfície marcada pelos traços de um lápis. Intrigado, aproximei-me e desvendei a sua mensagem: "Obrigada por me proporcionares o melhor dia e noite que vivi em anos. Tu fizeste-me sentir viva novamente. Lutei contra um cancro durante muito tempo e apesar de ter recebido amor, assistência e preocupação da família e amigos, muitos desapareceram da minha vida—incluindo o meu namorado, o homem com quem planeava casar. Ele sempre prometeu apoiar-me, mas no fim, ele deixou-me. Isso abalou a minha fé no amor e afetou grandemente a minha libido—uma parte de mim, que ansiava pelo amor diariamente. Até ontem, a minha vontade de sexo tinha sido inexistente.

Pensei que tinha vencido o cancro, mas há dois meses, fui confrontada com o seu regresso. Sentia que não tinha mais força para lutar, não tinha mais vontade—até ontem. Até esta viagem a Espanha, que pensei que poderia ser a última, ganhou um novo significado. Agora, vou embora com um renovado desejo de lutar, um desejo de experimentar mais momentos como os que partilhamos ontem. Estou determinada a lutar pela minha vida e a vencer esta segunda batalha contra o cancro.

Não te posso levar nesta jornada em que estou prestes a embarcar, mas espero encontrar-te novamente no final dela, um dia. Peço-te desculpa—não porque te tenha pretendido magoar, mas porque estou consciente de que hoje é um dia importante para ti."

Após decifrar a carta, pude interpretar as suas ações que refletiam a gravidade de uma iminente despedida, a intensa paixão de uma mulher que saboreava cada momento como se fosse o seu último suspiro.

Quando segurei a carta da Astrid nas minhas mãos trémulas, senti a profunda ressonância das suas palavras a penetrarem no núcleo do meu coração. Cada frase agia como um espelho, refletindo a imagem vibrante da Astrid, uma mulher de espírito incansável que agarrava fervorosamente cada segundo efémero do tempo.

"*Carpe Diem*," ela costumava ecoar ao longo do dia que partilhámos. Cada momento era abraçado com uma coragem que menosprezava a sombra da morte, uma graça que ofuscava a palidez da sua pele frágil. O seu espírito era contagiante e o seu fervor era palpável.

A sua vida e filosofia eram um testemunho da resiliência humana, da luta não apenas para suportar, mas para realmente viver. A Astrid mostrou-me, naquele momento, que a vida é mais do que uma simples existência, mais do que vaguear sem rumo numa névoa de monotonia. Viver, verdadeiramente viver, era saborear cada momento, cada respiração como se fosse a última, regozijar-se no milagre da existência com uma intensidade que desafiava a natureza transitória da vida.

Na sua luta, que só descobri através da carta, reconheci a encarnação viva do *Carpe Diem*, de aproveitar o dia. Não era uma desconsideração ingénua da presença iminente da morte, mas sim uma celebração vitoriosa da vida na sua sombra sombria. Ela estava a viver cada dia com uma intensidade que não deixava espaço para arrependimentos ou hesitações. O dia que partilhámos sublinhou-o vividamente.

Quando reli a sua carta, os meus olhos encheram-se de lágrimas. Não eram lágrimas de tristeza, mas de uma profunda realização da crua beleza da existência que a jornada da Astrid havia exposto.

Está receita de *gelato*, cuja geleia de maracujá foi-me oferecida pelo Marco da *Gelaatti!*, é a minha homenagem à Astrid, esteja ela onde estiver. *Carpe Diem*.

**Ingredientes**

Para a geleia de maracujá:

1. Polpa fresca de maracujá[4], 1 kg;
2. Água, 300 g;
3. Açúcar, 50 g;
4. Sumo de limão, 15 g;
5. Agar-agar em pó, 10 g.

Para o *gelato:*

1. Leito gordo fresco, 3612 g;
2. Natas frescas 40 % matéria gorda, 1163 g;
3. Leite magro em pó, 412 g;
4. Dextrose em pó para gelados, 200 g;
5. Glucose em pó atomizada, 136 g;
6. Açúcar, 1200 g;
7. Base neutra para gelados de creme, 25 g;
8. *Ricotta* de ovelha, 750 g;
9. Pão de Espanha (pão de ló), a gosto;
10. *Maraschino* ou rum, o suficiente para embeber o pão;
11. Geleia de maracujá, a gosto.

**Preparação**

Geleia de maracujá:

a) Coloque uma panela com a água no lume baixo e misture o agar-agar;
b) Mexa várias vezes, especialmente quando começar a ferver;
c) Adicione o açúcar, assim que a água começar a ferver e o agar-agar estiver perfeitamente dissolvido e misturado, dando uma consistência gelatinosa à água;

---

[4] Em alternativa ao maracujá, também se pode usar figos, devendo, nesse caso, corrigir a água para 275 g e o açúcar 35 g.

d) Mexa bem até o açúcar se dissolver completamente;

e) Junte o sumo de limão e a polpa de maracujá à água com agar-agar e açúcar. Continue a mexer em lume baixo por mais 2 minutos;

f) Coloque a geleia de maracujá em frascos hermeticamente fechados e guarde-os durante 48 horas, virados com a tampa para baixo, para garantir a saída do ar da mistura.

*Gelato*:

a) Coloque o leite fresco numa panela e aqueça-o a lume médio;

b) Quando a temperatura estiver entre os 20 °C e os 25 °C, junte o leite magro em pó;

c) Com a temperatura acima dos 25 °C, junte a dextrose;

d) Misture a glucose com 750 g de açúcar;

e) Com a temperatura acima dos 45 °C, junte a mistura de glucose com o açúcar;

f) Misture a base neutra com 300 g de açúcar;

g) Com a temperatura acima dos 50 °C, junte a mistura de base neutra com o açúcar;

h) Misture muito bem o *ricotta* com 200 g de açúcar;

i) Quando a temperatura rondar os 85 °C, junte o *ricotta*;

j) Quando a temperatura atingir os 86 °C, tire do lume e coloque o preparado no frigorifico;

l) Quando o preparado atingir aproximadamente os 5 °C, retire do frigorífico e coloque na produtora de gelados;

m). Embeba o pão de Espanha, a gosto, em licor *Maraschino* ou rum;

n) Misture, a gosto, com a ajuda de uma espátula, o pão de Espanha, embebido no licor *Maraschino* ou rum, com a geleia de maracujá;

o) Coloque o *gelato* numa forma retangular e misture, a gosto, a geleia de maracujá previamente misturada com o pão de Espanha;

p). Coloque o *gelato* no congelador durante 3 horas antes de servir.

# §20

## Zagablione siciliano
As duas amantes, Madrid, Espanha

A Izar e a sua *mistress* encontraram consolo num elegante apartamento de um vibrante bairro de Madrid. Ao chegar, entrei no elevador *vintage*, o seu charme antigo ecoava no átrio de mármore, subindo até o terceiro andar. Quando as sumptuosas portas de metal se abriram, a Izar recebeu-me com um beijo prolongado, uma doce melodia partilhada entre os nossos lábios.

"Entra e deixa a tua mala ali," comandou a Izar, guiando-me pelo o apartamento e apontando para um canto do *hall* da entrada. "Estamos a cozinhar. Segue-me."

Entramos no *open space* da cozinha e sala, onde estava a *mistress* da minha amiga, envolta num revelador *hànfú* vermelho. Abandonando o fogão, ela aproximou-se de mim, com os pés descalços a roçarem o chão. Com um delicado abraço no meu pescoço, ela puxou-me para perto e os nossos lábios selaram um beijo; um sabor que era uma novidade para mim.

"Sente-te em casa. Queres uma cerveja enquanto preparo uma *paella*?" A *mistress* ofereceu-me.

Olhei para a Izar, o seu sorriso iluminava o ambiente enquanto ela se recostava no sofá. Sentando-me ao lado dela, desfrutei da cerveja refrescante. A nossa conversa vageou entre as memórias da aventura culinária do dia anterior, o seu trabalho e as estórias encantadoras da vida.

"Tens sobremesa?" Perguntei, para quebrar o transe hipnótico da dança do *hànfú* vermelho.

"Não. Apenas vinho e cerveja," a *mistress* respondeu com um sorriso.

"E se eu fizer uma sobremesa? Algo rápido e simples," sugeri.

"Claro. O que precisas?" Perguntou.

"Deixe-me ver o que tens," pedi, e comecei a abrir o frigorífico e os armários até encontrar uma garrafa de vinho siciliano. "Marsala! Tens aqui vinho siciliano. É ótimo para cozinhar e para sobremesas," comentei, surpreso.

"Eu trouxe da Sicília, com aquelas duas garrafas atrás," observou a Izar, sentada no sofá.

"Excelente! Tens ovos e açúcar? Assim que terminarmos o almoço, eu preparo rapidamente um *zabaglione siciliano* para servir na hora. Uma deliciosa sobremesa siciliana," declarei, assumindo o compromisso.

\*\*\*

Ao acordar de um sono numa *chaise longue* espaçosa, lutei para agarrar os resquícios de um sonho que persistia na minha mente. Nu, ergui-me do sofá e aventurei-me em direção ao fogão, atravessando o *open space* da cozinha e da sala.

Ao explorar os armários, a minha procura por café moído levou-me a descobrir uma esplêndida mistura de Caffè Diemme 100% Arábica. A embalagem apresentava uma imagem encantadora, uma morena a dançar, com uma saia, xaile e colar vermelhos e camisa branca, acompanhada pelas palavras *"delicata e armonica."* Aquela visão requintada evocou memórias da incrível noite que tive, uma realidade muito além do reino dos sonhos.

Enquanto eu observava o ambiente desconhecido, a percepção fez-se presente. Aquela não era a minha casa. Duas lindas mulheres enroscadas no sofá, com os seus corpos cobertos por uma fina manta. Eram a Izar e a sua *mistress*.

Preparei um café para mim, depois fui ao frigorífico e peguei a tigela com o resto do *zabaglione* do dia anterior. Sentei-me numa cadeira na sala de estar, admirando as duas amantes a dormirem sob o cobertor, saboreando o meu café e apreciando aquela sobremesa que sobrara.

É a receita dessa simples iguaria siciliana que partilho com este relato.

**Ingredientes**

1. Gemas de ovo, 108 g;
2. Açúcar, 150 g;
3. Vinho Marsala, 20g.

**Preparação**

a) Bata as gemas com o açúcar numa batedeira elétrica à velocidade média até que a mistura dobre o seu volume e esteja cremosa e esbranquiçada;

b) Coloque a mistura das gemas com o açúcar em banho-maria e, sempre a bater, misture o vinho *Marsala*;

c) Bata, sempre em banho-maria, até obter um *zabaglione* espesso e cremoso, o que deverá demorar cerca de 10 minutos;

d) Sirva imediatamente, acompanhado com o *caffè espresso*.

## §21

### Esturjão com uvas marinadas

Restaurante *Crotto dei Platani*, Lago di Como, Itália

Eu tinha apenas mais dois dias para executar o meu trabalho: convencer dois importantes acionistas a absterem-se de votar em determinado sentido numa importante assembleia geral de acionistas. Era simples, mas não era fácil.

Grande parte do meu trabalho era de escritório, orientado principalmente por advogados e empresas de comunicação. Mas certas conversas tinham, necessariamente, de ser presenciais e longe da formalidade das reuniões marcadas por secretárias ou advogados, até porque esses acionistas muito provavelmente não me receberiam nessas circunstâncias normais. A minha missão era exatamente criar circunstâncias anormais para um contacto informal, mas persuasivo.

Estava no Lago di Como com a Foscarina, que me tinha pedido ajuda na resolução de um problema relacionado com a Fundação onde trabalhava.

Fizemos uma paragem, no nosso passeio de barco pelo lago, para um tranquilo almoço no restaurante *Crotto dei Platani*, onde um dos advogados de confiança da Fundação nos esperava.

Como chegamos de barco e o cais dava direto para o restaurante, foi possível ver dois homens, empoleirados na varanda do estacionamento, a espiarem para baixo, para o restaurante. Eram os mesmos homens que no dia anterior tinham seguido a minha amiga. O advogado da Fundação tinha sido seguido ou então estava com eles.

Sentado à mesa, na esplanada exterior ao nível das águas do lago, o advogado fez sinal para Foscarina assim que nos viu a desembarcar.

Após as formais apresentações, notei que ele era um homem preocupado. Como não queria preocupá-lo mais, perguntei-lhe se estava acompanhado, ao que ele respondeu que não. Percebi então que os dois homens estavam a segui-lo, possivelmente porque sabiam que ele os levaria à minha amiga que, diga-se, sem culpa alguma, estava com problemas sérios, no meio de uma luta de poder e com contornos políticos... E até mafiosos.

"O restaurante tnuma excelente carta de vinhos. A garrafeira fica do outro lado do restaurante, numa gruta natural na qual as correntes de ar da montanha conservam o vinho à temperatura ideal," explicou o advogado, a tentar quebrar o gelo.

Pedi um *Terre Alte 2011* e expliquei, sem ser pretensioso, que apreciava a casta *sauvignon blanc*, que combinava lindamente com as castas *friulano* e *pinot bianco* daquele vinho do nordeste de Itália, o *Friuli Venezia Giulia*. Foi o vinho perfeito para os pratos de peixe que todos pedimos.

A luz que refletia no lago e entrava no restaurante, iluminava o belo rosto de Foscarina de modo que por um instante encontrei-me a divagar sobre a sua beleza, o seu cheiro e a sua pele, sem dar atenção às explicações do advogado que se tinham tornado prolixas e fastiosas, perante um assunto que teria de ser resolvido pela pressão da comunicação em vez das vias judiciais.

O advogado estava cada vez mais maçador.

Cortei a conversa aborrecida e coloquei uma *pen drive* na mesa. Disse-lhe para ligá-la a uma entrada *USB* de qualquer computador da Fundação. O *software* da *pen drive* instalava-se sozinho, sem ser detetado, permitindo-nos recolher e tratar a informação que precisávamos para resolver o problema da Foscarina, da própria Fundação e do seu ex-presidente, que estava em prisão domiciliária.

Já estávamos no fim da sobremesa quando supus que os tais dois homens que vigiavam a minha amiga estariam sem almoçar. Chamei o empregado e pedi-lhe para preparar uma mesa e servir o almoço aqueles dois, mas obrigatoriamente acompanhado de um *Barolo Bricco Rocche 2008*, uma garrafa de 300 euros. Eu queria que aqueles dois soubessem que poderíamos tratá-los melhor do que a pessoa lhes pagava para seguir a minha amiga: um homem ganancioso, avarento e sem gosto.

Saímos do restaurante de barco, com o advogado, enquanto os outros dois almoçavam um divinal esturjão com *glacé* de vinagre balsâmico e uvas pretas marinadas, acompanhado por um belíssimo *Barolo*, um vinho tinto tranquilo, seco e vinificado com uvas *nebbiolo*, que combina bem com peixe magro.

"Fique com o barco e o capitão à sua disposição e vá buscar o carro no final do dia para evitar aqueles tipos," instrui o preocupado (e chato) advogado. Sai com a Foscarina no cais de Bellagio e coloquei uma nota de 50 euros na mão do capitão do barco, como que a dizer-lhe para cuidar bem do meu novo amigo advogado.

Descemos do barco e fomos diretos para Villa Melzi. As copas das árvores (principalmente as *Platanus Europea*), que ladeavam o caminho para a *villa*, estavam floridas de branco e rosa, tornando aquele passeio bastante agradável.

"*Buonasera, vorrei due biglietti, per favore*, [Boa noite, dois bilhetes, por favor]," pedi ao porteiro da Villa Melzi.

Eu também me tinha deliciado com esturjão com *glacè* de vinagre balsâmico e uvas pretas marinadas, acompanhado pelo excelente *Terre Alte 2011*, pelo que aquele passeio pelos jardins da Villa Melzi, acompanhado pela minha amiga, agora bem mais relaxada, foi o fecho perfeito daquele almoço.

Regressei, noutra oportunidade, ao *Crotto dei Platani*, dessa vez para jantar e, para surpresa minha, no menu ainda estava o prato de esturjão, do qual procurei descobrir a receita que agora partilho. Talvez não seja a receita exatamente igual à que o *chef* Andrea Cremonesi guarda no seu cofre dos segredos, até porque retirei o *bacon* que integrava o prato original, mas o sabor é igualmente fabuloso.

## Ingredientes

1. Esturjão, 1 filete grande;
2. Gemas de ovo pasteurizadas, 36 g;
3. Natas frescas ácidas, 45 g;
4. Manteiga, 30 g;
5. Vinagre balsâmico *di Modena IGP*, 15 g;
6. Mostarda de Dijon, 15 g;
7. Sumo de limão, 20 g;
8. Azeite extra virgem, 14 g;
9. Mel, 14 g;
10. Folha de louro, 1;
11. Cravo, 1;
12. Uvas pretas, q.b.;
13. Água, q.b.;
14. Alecrim, q.b.;
15. Noz-moscada em pó, q.b.;
16. Pimenta vermelha, q.b.;
17. Flor de sal q.b.;
18. Salsa, q.b.;
19. Rodelas de limão, q.b.;
20. Pau de canela, 1.

## Preparação

a) Misture as gemas de ovo pasteurizadas, a mostarda, as natas frescas ácidas, 7 g de vinagre balsâmico, 15 g de manteiga e a noz-moscada em pó;

b) Polvilhe o filete de esturjão com a flor de sal, a pimenta vermelha moída na hora e a salsa bem picada;

c) Envolva o esturjão com finas rodelas de limão, louro, salsa e alecrim;

d) Embrulhe o esturjão em papel alumínio e leve ao forno pré-aquecido a 175 °C, por 20 minutos;

e) Após 20 minutos, retire o papel de alumínio, deite o sumo de limão por cima do filete de esturjão e pincele-lo com 15 g de manteiga levemente derretida;

f) Deixe o filete de esturjão assar até dourar;

g) Marine as uvas pretas numa panela a lume forte com um pouco de água até ferver. Quando ferver acrescente a flor de sal, o mel, o cravo e o pau de canela, mantendo o lume forte até as uvas ficarem totalmente dissolvidas e a água evaporar;

h) Retire a marinada de uvas pretas do lume, retire o pau de canela, adicione 7 g de vinagre balsâmico e mexa bem;

i) Coloque a marinada de uvas pretas por cima do filete de esturjão e sirva.

**Notas**

a) O *zabaglione* é uma sobremesa leve e arejada, perfeita para uma ocasião especial ou após o jantar.

b) Certifique-se de que as gemas são batidas até ficarem muito leves e espumosas. Isso cria um *zabaglione* mais espesso e cremoso.

c) Adicione o vinho *Marsala* lentamente à mistura de gemas e açúcar para evitar a coagulação.

d) Cozinhar o *zabaglione* em banho-maria evita que cozinhe rápido demais e vire ovos mexidos.

e) Sirva o *zabaglione* imediatamente para manter a sua textura leve e arejada.

# §22

## Empanada galega
Restaurante Pepe Vieira, Pontevedra, Espanha

A assessora de imprensa da nossa operação para Espanha era uma distinguida e premiada ex-jornalista, licenciada em ciências políticas, que tinha no seu currículo cargos tão importantes como diretora e chefe de gabinetes de imprensa chave do Estado e da Monarquia Espanhola, em conselhos de entidades de relevo em Espanha e no estrangeiro.

Tinham-me marcado uma reunião com ela e com um jornalista em Madrid. Apesar de ter sido esta assessora a preparar várias das minhas entradas em cena, seria a primeira vez que estaríamos juntos pessoalmente.

Decidi fazer algumas mudanças de última hora. Sem avisar a nossa assessora de imprensa, enviei uma mensagem para o jornalista a mudar o local de encontro. Troquei o hotel *Mandarin Oriental Ritz*, para onde estava marcado o encontro dos três (eu, a assessora e o jornalista) para o bar no *rooftop* do *Mercado de San Antón*. Eu queria uma reunião com o jornalista, na mesma hora e dia, mas sem a assessora.

Convidei a Paty, uma amiga, para me acompanhar, sem lhe dizer o que realmente me levava a Madrid.

Essa decisão improvisada, de trocar o hotel de luxo pelo frugal *rooftop* de um mercado no Bairro da Chueca, não se devia ao facto de querer estar acompanhado pela Paty, mas antes porque queria mostrar um lado mais informal e despretensioso ao jornalista. A mensagem que queríamos passar era, por ser verdade, de que estávamos do lado dos menos protegidos, dos mais fracos e dos que precisam da ajuda da boa imprensa, para mostrar as nossas nobres razões. Aparecer assessorado por alguém que se sabia que cobrava dezenas de milhares de euros por cada mês de assessoria, podia dar uma ideia errada.

Tudo correu muitíssimo bem em Madrid e a Paty foi uma peça que ajudou a esse desfecho, mesmo sem saber.

Madrid tinha sido tão bom e divertido, que convidei a Paty para um fim de semana em Santiago de Compostela, mas aí *sem nada na manga*, apenas passear, comer bem e relaxar.

A paragem obrigatória foi no restaurante *Pepe Vieira*, em Poio, Pontevedra, já em Espanha.

O restaurante ficava num recanto escondido, de acesso duvidoso e no meio do nada. Numa outra circunstância isso seria uma desvantagem, mas, ao *Pepe Vieira*, tudo isso, conferia-lhe um timbre pessoal e intimista que começava na estrada, ainda antes de lá chegar – sentíamos que procuramos a casa nova de um amigo que nos convidou para almoçar.

Fomos recebidos, à porta, como amigos de velha data. Convidados a disfrutar da vista sobre o monte e a ria, sentados, quase deitados, num confortável sofá (dos muitos existentes), havendo a opção, em dias mais quentes, de nos instalarmos no terraço, igualmente intimista.

No sofá, começou a escolha dos vinhos (uma rica e extensa carta, encadernada como um luxuoso livro, com vinhos de várias geografias, sabores e aromas, e preços entre os 30 e os 400 euros).

Ainda no sofá, como se estivéssemos entre amigos, foi-nos oferecida uma maravilhosa entrada de queijo com uma gota de *pesto*. Logo a seguir veio uma outra entrada, enquanto limpávamos as mãos em toalhas mornas por forma a continuarmos com a nossa experiência de *fingerfood*.

Depois do sofá, os nossos *amigos* convidaram-nos para fazer parte da experiência de bem cozinhar e, de um salto, passámos para o balcão de mármore preto, no meio da sala, que sustentava uma pequena cozinha entre vasos, livros, mesas e uma vista de tirar o fôlego.

Um género de tortilha, que nos encheu as medidas, foi confecionada à nossa frente, com todo o detalhe e, literalmente, com pinças.

Depois dessa experiência na pequena cozinha, ocupamos uma das mesas da sala de jantar, naquele grande espaço aberto, envidraçado do chão ao teto. Sentamo-nos nas confortáveis cadeiras, sempre com a mesma vista deslumbrante.

Foram duas horas de degustação, com todos os requintes de um restaurante estrelado pela *Michelin*. Com inconfessáveis sabores, cada prato foi uma surpresa e, acima de tudo, uma verdadeira obra de arte.

A *empanada galega*, cuja receita partilho, é um dos pratos que foi possível encontrar nesse fantástico restaurante. Se não for ao *Pepe Vieira*, que atualmente sustenta duas estrelas *Michelin*, então traga um pouco desse restaurante até si por intermédio desta deliciosa receita que pode não ser bem igual à original, mas continua a ser deliciosa.

**Ingredientes**

Para a massa

1. Farinha tipo 55, 300 g;
2. Manteiga sem sal, 75 g;
3. Água, 75 g;
4. Azeite extra virgem, 28 g;
5. Vinho branco, 15 g;
6. Ovos, 60 g;
7. Flor de sal, 7g.

Para o recheio

1. Azeite extra virgem, 14 g;
2. Cebolas rochas, 4;
3. Pimentos vermelhos, 3;
4. *Pimentos choriceros* (tipo *malagueta*), 2 g;
5. Pimentão doce, 2 g;
6. Louro, 1 folha;
7. *Passata*, 50 g;
8. Vinho branco, 100 g;
9. Atum *bonito* em posta de conserva, 250 g.

Para finalizar a *empanada*

1. Gemas de ovo, 36 g;
2. Água, 36 g;
3. Azeite virgem extra; 28 g.

**Preparação**

Massa

a) Misture à mão ou com uma batedeira elétrica com gancho para pão todos os ingredientes da massa;

b) Deixe repousar por duas horas, num recipiente, com um pano por cima, dentro do micro-ondas ou num local sem luz.

Recheio

a) Pique as cebolas e os pimentos vermelhos e refogue-os, junto com a folha de louro, no azeite virgem extra;
b) Assim que as cebolas começarem a ficar douradas, adicione os *pimentos choriceros* e o pimentão doce;
c) De seguida, em lume brando, adicione o vinho branco até reduzir para metade;
d) Adicione a *passata* e deixe evaporar o vinho e a água da *passata* completamente;
e) Adicione o atum *bonito* em posta de conserva.

Empada

a) Depois das duas horas de repouso, estique a massa, recheie-a e feche-a;
b) Com um garfo, pique a parte de cima da *empanada*, para a deixar respirar;
c) Coloque a *empanada* no forno pré-aquecido a 160 °C, por 45 minutos;
d) Misture as gemas de ovo com a água e o azeite;
e) Pincele a *empanada* com a mistura de gemas de ovo;
f) Coloque novamente a *empanada* no forno a 250 °C, por 10 minutos.

# §23

## Gnocchi alla sorrentina

Os *gnocchi* da Simona, Roma, Itália

Assim que entrei na sala do departamento de engenharia da universidade deparei-me com a Mariangela, que tinha chegado mais cedo. Ela estava deslumbrante! Vestia um fato cinzento-escuro, com calças de cinta subida e um casaco sobre uma camisola cinzenta de gola alta. O par de sapatos de salto alto, Valentino, vermelho-escuro, realçava as suas longas pernas e dava-lhe uma elegância poderosa.

"Olá, Mariangela! Como estás?" Perguntei.

"Olá! Tudo bem!" Respondeu.

"Chegaste hoje?"

"Não, cheguei ontem e fiquei num hotel."

"Eu também," respondi e, não me contendo, acrescentei, "estás deslumbrante!"

"Tu também não estás mal," a Mariangela respondeu com um tom seco.

"Se soubesse que estavas em Roma, tinha-te convidado para jantar," instiguei, mesmo sabendo que não a teria convidado, pois na noite anterior tinha tido uma festa no Lago di Bracciano.

"Cheguei tarde, fui direta para o hotel e comi por lá," respondeu, mantendo o tom seco.

"Posso convidar-te para jantar hoje? Podemos ir ao *Zuma*. Lembro-me de adorares o *rooftop* e o ambiente," propus.

O *Zuma* era um restaurante de *sushi* no Palazzo Fendi, no centro de Roma. Tinha um dos terraços panorâmicos mais populares e elegantes da Itália, com vistas incríveis sobre a cúpula da Basílica dei Santi Ambrogio e Carlo al Corso e das brilhantes cúpulas de vidro no antigo prédio da Unione Militare. Tínhamos almoçado e jantado lá uma dúzia de vezes e foi sempre muito agradável. Pensei que trazer à conversa aquele nosso tempo especial poderia permitir experiencia-lo novamente.

"Obrigada, mas não posso. Tenho de apanhar o *Italo* para Nápoles ainda hoje," desculpou-se, recusando o meu convite.

"O comboio de alta velocidade?"

"Sim, vou ter com o Mateo. Vamos passar alguns dias no *Belmond Caruso*. Ele quer experimentar a comida do *chef* Mimmo Di Raffaele. O Mateo passa a vida a falar dele," detalhou a Mariangela. A sua desculpa era, uma vez mais, o Mateo.

"No *Belmond Caruso* em Ravello, na costa de Amalfitana?"

"Sim. Di Raffaele é o *chef* executivo do restaurante do hotel."

"Vais em lua de mel?" Perguntei, com uma certa ironia, tentando saber mais sobre o *status* da relação da Mariangela com o Mateo.

"Não. O Mateo ouviu dizer que o *chef* Mimmo vai lançar um livro de receitas da Costiera Amalfitana e da Campania. Por isso ele quer ir lá para conhecê-lo. Achamos que poderíamos aproveitar o nosso tempo e ficar no hotel," respondeu a Mariangela.

"Qualquer momento no *Caruso* é como uma lua de mel," respondi, tentando esconder a minha óbvia deceção e inveja. Não apenas a Mariangela tinha-me trocado pelo Mateo, como ainda iam passar uns dias num dos hotéis mais românticos do sul de Itália. O hotel *Belmond Caruso* era um palácio medieval no ponto mais alto de Ravello. A sua localização proporcionava aos hóspedes uma vista infinita do Mar Tirreno e das suas falésias escarpadas. Eu só podia imaginar os beijos, abraços e promessas de amor que ambos fariam numa das espetaculares piscinas infinitas. Não era apenas um hotel. Era uma *odé* ao amor, ao romantismo e aos jantares à luz de velas, e a Mariangela iria viver isso com outro homem – com o palerma do Mateo.

"O Mateo quer abrir um restaurante em Milão. Quer voltar para a Itália para vivermos juntos," rematou a Mariangela.

Essas palavras foram uma facada direta e profunda nas carótidas, que me cortou a oxigenação do cérebro, imediatamente seguida por laminadas afiadas cravadas diretamente no meu coração. Fiz o possível para fingir que a notícia não me devastou e, sem pensar, desejei boa sorte ao casal.

"Conheci o *chef* Mimo Di Raffaele no *Caruso*, em 2013. Ele tinha começado a trabalhar lá meia dúzia de anos antes. É um *chef* muito talentoso. Estudou na escola de Lausanne com o *chef* Enrico Derflingher, que depois tornou-se *chef* da rainha Isabel. Tenho a certeza que será um momento importante para o Mateo. Para vocês dois," disse cinicamente, restabelecendo o oxigénio no cérebro.
"Estão a planear casar?" Perguntei. Não pude deixar de perguntar e violar a minha regra autoimposta de manter a conversa profissional e evitar qualquer assunto cuja resposta poderia não gostar.
"Estamos a pensar nisso. Talvez depois que ele abrir o restaurante e as coisas ficarem mais tranquilas," respondeu, atirando outra faca afiada na minha direção.
"Mariangela, Octávio. Estão aqui há muito tempo?" Perguntou o professor Massimiliano.
Ele também tinha chegado mais cedo do que a hora prevista para a reunião e ficou surpreso ao ver-nos aos dois lá tão cedo.
A reunião sobre os testes de polímeros com grafeno, correu normalmente, com aqueles dois génios, o professor Massimiliano e a Mariangela, a brotarem conhecimento como a Fontana di Trevi decantava água, incessantemente.
A Mariangela saiu cedo da reunião para apanhar o comboio para Nápoles. Não tive oportunidade de me despedir dela como gostaria.
Aqueles últimos dias passados em Roma foram avassaladores. Primeiro tive algumas supressas profissionais, para as quais não estava preparado. Depois reencontrei a Mariangela, após muito tempo sem a ver, e descobri que estava a pensar casar. Ao vê-la de repente, sem estar mentalmente preparado, voltaram todas as memórias preciosas e maravilhosas que eu tinha dela e com ela. Isso fez o meu coração transbordar de adrenalina. Com ela, era sempre uma questão de lutar ou fugir. Tinha de fugir.
Liguei à Simona para a convidar para jantar. A ideia de um *sushi* no *Zuma* continuava a ser interessante, mesmo que com outra protagonista que não a Mariangela.
"*Mi discipiace tanto, da morire, ma non posso*, [Lamento muito, imenso, mas não posso,]" respondeu-me a Simona.
O seu cão tinha sido atropelado e precisava de atenção e de tomar um medicamento a certa hora.

"*Che peccato. Domani parto per il Portogallo,* [Que pena. Amanhã parto para Portugal,]" respondi.

"*Perché no vieni da me per cena?* [Porque não vens jantar a minha casa?]" Convidou-me a Simona.

"*Tesoro, non voglio disturbare, davvero,* [Querida, não quero incomodar, sinceramente,]" respondi.

"*Per niente! È un piacere averti qui. Cucino qualcosa di piacevole, semplice e apetitoso,* [Que nada! É um prazer receber-te. Cozinho qualquer coisa agradável, simples e apetitosa,]" respondeu-me, disposta a aturar-me na sua casa.

"*Che meraviglia,* [Que maravilha,]" respondi, aceitando o convite.

Passei na Piazza Cavour, entrei na garrafeira *Constantini* e comprei um *Aglianico del Taburno Bue Apis*, de 2001, um vinho da Campania, cheio, seco e encorpado. O seu tanino bem suave e a sua acidez emparelhavam bem com os *gnocchi alla sorrentina* que a Simona disse que ia preparar para mim.

É a receita dos *gnocchi alla sorrentina* que, naquela noite, na companhia da Simona, do Nero, o seu cão, e do bom vinho *Aglianico*, me afagou as feridas do coração, agora partilho.

## Ingredientes

Para os *gnocchi*:

1. Batatas, 1 kg;
2. Farinha tipo 45 sem fermento, 300 g;
3. Farinha sêmola de trigo, 20 g;
4. Ovos, 60 g;
5. Flor de sal, 6 g;

Para a guarnição:

1. Tomates maduros, 700 g;
2. *Passata*, 200 g;
3. Alho, 1 dente;
4. Manjericão, 10 g;
5. Orégãos, 6 g;
6. Azeite virgem extra, 28 g;
7. *Mozzarella di bufala*, 250 g;
8. *Parmigiano Reggiano DOP*, 60 g.

## Preparação

a) Coza as batatas em água por 40 minutos;
b) Assim que as batatas estiverem cozidas, escorra bem e passe-as por um *passe-vite* para as desfazer;
c) Coloque a farinha peneirada numa taça, com as batatas, os ovos e a flor de sal;
d) Bata tudo muito bem com a batedeira elétrica com o gancho de pão até ficar uma massa uniforme;
e) Corte a massa em pequenos pedaços;
f) Enrole os pequenos pedaços de massa até fazer uns tubinhos;
g) Corte os tubinhos de massa em porções todas iguais para fazer os *gnocchi*;
h) Coza os *gnocchi* até que comecem a boiar na água;

i) Coloque os tomates, a *passata*, o alho e o manjericão num copo liquidificador e misture tudo muito bem até obter um molho;

j) Colocar 14 g de azeite virgem extra no fundo de uma travessa e depois coloque o molho e os *gnocchi*;

l) Escorra bem a *mozzarella di bufala* e coloque-a na travessa, por cima dos *gnocch*i com o molho;

m) Leve a travessa ao forno pré-aquecido a 250 °C, por 20 minutos;

n) Sirva acompanhado por um vinho tinto da Campania, da Sicília ou mesmo de Piemonte, desde que seja seco e encorpado.

# §24

## Salada de mozzarella e salmão fumado

A visita da Nádia, Porto, Portugal

Logo de manhã cedo fui apanhar a Nádia na estação de comboios de Campanhã, no Porto, Portugal.

A Nádia nasceu no Uruguai, mas viveu e trabalhou como atriz no Brasil e nos EUA.

Os seus encantadores olhos castanho-escuros, o corpo, as características faciais perfeitas, a aparência excecional e todo o *glamour* ao seu redor faziam da Nádia uma mulher muito atraente que não passava despercebida, nem numa multidão de pessoas a sair do comboio.

Ela tinha voado de Miami, nos EUA, onde vivia, para Vigo, em Espanha, alguns dias antes, para um trabalho na área da reportagem desportiva. Mas naquele dia, tinha tirado uma folga para visitar-me, no Porto.

A viagem de comboio entre Vigo e o Porto era de aproximadamente 2 horas e 30 minutos, mas a Nádia saiu bem cedo de Vigo, de forma a conseguir tomar o pequeno-almoço comigo.

Fomos ao *Ar D'Mar*, na praia da Madalena em Vila Nova de Gaia, um pequeno café-bar com um confortável e amplo espaço exterior. A esplanada estendia-se sobre as dunas que fechavam o areal, oferecendo uma vista tranquila sobre o areal e o mar. Foi aí que começamos o dia, solarengo, com um bom, saudável e reforçado pequeno-almoço.

Depois, fomos visitar a pitoresca Capela do Senhor da Pedra, um antigo altar pagão (antes de ser convertido ao cristianismo) construído nas rochas, mesmo em cima do mar, na praia de Miramar em Vila Nova de Gaia.

De seguida, no Porto, novamente do outro lado do rio Douro, fomos visitar a Torre dos Clérigos, a *Livraria Lello* e a Estação Ferroviária de São Bento.

"A *Lello* é uma das livrarias mais antigas de Portugal e considerada uma das mais bonitas do mundo. O *Guardian* considera-a a terceira mais bonita," expliquei à Nádia o motivo de estarmos na Baixa do Porto.

"É linda! Esta fachada é incrível!" Exclamou.

"A *art nouveau* e o neogótico lembram-me, um pouco, alguns dos edifícios emblemáticos de Paris," respondi e depois sugeri, "vamos entrar. Lá dentro é ainda mais bonita. Estás a ver aquela escada?"

"Uau! É realmente impressionante. Que beleza!" Comentou a Nádia, realmente impressionada com a escada de madeira entalhada, bifurcada, que ligava o andar térreo ao primeiro andar. Logo acima havia um grande vitral com a inscrição em latim *Decus in Labor*, que significa dignidade no trabalho.

Da *Livraria Lello* seguimos para a Torre dos Clérigos, praticamente do outro lado da rua. A Torre dos Clérigos, da autoria de Nicolau Nasoni, arquiteto nascido na província italiana de Arezzo, e concluída em 1763, é um marco da cidade do Porto. A Igreja dos Clérigos, concluída em 1750, foi uma das primeiras igrejas barrocas em Portugal. Ambos os edifícios, integrados entre si, eram motivo de orgulho para os habitantes da cidade e ponto de visita para todos os turistas.

Descemos a íngreme Rua dos Clérigos e acabámos na Praça da Liberdade, onde está o edifício dos Paços do Concelho do Porto. De seguida fomos à Praça de Almeida Garrett de onde avistamos o imponente edifício da estação ferroviária de São Bento.

"Vamos entrar. Vais adorar," disse-lhe, enquanto subíamos umas escadinhas no interior da estação de comboios de São Bento.

"Tudo é maravilhoso! Tudo é tão lindo! Que obra de arte!" Exclamou a Nádia boquiaberta no átrio principal da estação, de onde observava os imponentes painéis de azulejos.

"São mais de 550 metros quadrados de azulejos. Repara que estão todos pintados apenas com azul e branco e com temas históricos. Olha! Aqui está representada a Conquista de Ceuta, em

1415, quando Portugal conquistou Ceuta, a cidade islâmica do norte da África. E aqui, vê! Aqui está pintada a inauguração dos caminhos-de-ferro em Portugal," expliquei eu, enquanto apontava para os vários painéis de azulejos da estação.

Depois expliquei à Nádia que os azulejos podem ser policromados, com cores castanhas, azuis, verdes, pretas e em figuras geométricas de estilo hispano-mourisco ou com aresta, ou ainda mais coloridos como a *majolica*, técnica italiana. Mas a maioria dos azulejos em Portugal, especialmente em edifícios como aquele ou em capelas, igrejas, bancos, *etc.*, são azuis e com motivos detalhados que ilustram cenas históricas de Portugal. Isso é muito comum e pode ser visto tanto dentro quanto fora dos edifícios. Acrescentei que no Porto existiam várias igrejas com aquele tipo de azulejos.

"Amo o Porto! Não me lembrava da última vez que estive aqui," comentou a Nádia.

Logo depois, fomos fazer uma prova de vinhos, arranjada pela Paty, às caves *Graham's*, que, como a maioria das caves de vinho do Porto, ficava em Vila Nova de Gaia, na outra margem do rio Douro.

Durante a visita às caves, a guia explicou-nos as diferentes castas, a origem do vinho, a excelência do vinho do Porto, as origens da família Symington e o facto de a *Graham's* ter sido a primeira empresa a investir em vinhas no Vale do Douro, em 1890.

Depois da visita às caves, partimos para uma prova de vinhos privada numa elegante e acolhedora sala, onde as antigas mesas de madeira tinham caixas de vidro fosco retro iluminadas para melhor se apreciar a coloração dos diferentes vinhos.

A família Symington possuía mais de 940 hectares de vinhas de onde provinham as uvas para quase 70 % do *Vinho do Porto* vendido pela empresa família.

"Os Symington são uma família de origem escocesa que veio viver para o Porto no século XIX, por volta 1880, e aqui ficou. Dedicaram-se à produção e comercialização do *Vinho do Porto*. São hoje o maior grupo vitivinícola do Douro," expliquei à Nádia.

"Também gosto muito dos vinhos espanhóis, da região de Rioja. Tenho bons amigos nessa zona de Espanha," respondeu-me a Nádia.

"Bons vinhos os de Rioja. Mas o *Vinho do Porto* só existe no Douro. É uma região demarcada. São João da Pesqueira, no Vale do Douro, é lindo. Temos de ir lá da próxima vez que vieres a Portugal. É o concelho com a maior produção de *Vinho do Porto*," aclarei para defender a diferença entre o *Vinho do Porto* e o vinho da região de Rioja, em Espanha.

"Onde vamos almoçar? Estas degustações abriram-me apetite," perguntou a Nádia.

"Aqui. A *Graham's* tnum restaurante fabuloso com uma vista soberba," esclareci e acrescentei, "vais gostar."

"Com certeza que vou," respondeu a Nádia, sem hesitar.

"O *Vinium* é o restaurante da *Graham's* gerido pelo espanhol, basco, Iñaki Lz. de Viñaspre, que tem vários restaurantes pelo mundo: Valência, Londres, Amesterdão, Madrid, Barcelona e, olha, Buenos Aires, do outro lado do Río de la Plata," comentei, pois o Río de la Plata separava parte da Argentina do Uruguai. Montevidéu, capital do Uruguai, ficava quase em frente a Buenos Aires, capital da Argentina, separados pelo Río de La Plata, com não mais de 2 km de largura.

Estávamos a almoçar no *Vinium*, com vista sobre o Porto e a Ponte D. Luís I, quando recebi um telefonema de um banqueiro privado, com que tinha tido um acidente propositado no dia anterior.

"Boa tarde, é o Osório, com quem teve aquele acidente de carro ontem. Eu já tenho o orçamento da *BMW* para o reparo e também tenho uma apresentação com aqueles produtos que falamos. Como quer fazer para lhe entregar isto? Também posso enviar tudo para o seu endereço de e-mail," disse o banqueiro privado, o Osório, do outro lado da linha.

"Podemos encontrar-nos hoje, ao final do dia, por volta das 6 horas, no *lounge bar* do hotel *The Yeatman*?" Perguntei.

"Em Vila Nova de Gaia, correto?" Perguntou o Osório.

"É isso mesmo, estou lá hospedado," respondi, mentindo sobre estar lá hospedado e certo de que ele não tentaria confirmar, nem o hotel lhe daria essa informação.

"Está perfeito para mim," disse o banqueiro.

"Espero por si no *lounge bar* às 6 horas," confirmei.

Continuei a almoçar com a minha amiga atriz, conversando sobre vinhos, viagens e novos trabalhos que ela tinha em mente. Uma agradável conversa emoldurada por uma belíssima vista sobre o rio Douro, o Porto e a emblemática Ponte D. Luís I.

"A ponte foi inaugurada um ano antes da Torre Eiffel, em Paris, e tinha o mesmo tipo de estrutura metálica projetada por Théophile Seyrig. Seyrig colaborou com Gustave Eiffel na construção da vizinha ponte ferroviária D. Maria Pia sobre o rio Douro, inaugurada 10 anos antes da Torre Eiffel," elucidei a Nádia perante aquela visão a que ninguém podia ficar indiferente.

O Porto, sobretudo se visto da outra margem, de Vila Nova de Gaia, é uma cidade muito bonita e esse dia estava especialmente soalheiro o que tornava as cores da cidade muito mais intensas e admiráveis.

As grandes vidraças do restaurante que davam acesso aquela vista, o serviço excelente e quase silencioso, a boa distância entre as mesas que nos afastava da conversa dos outros, faziam daquele local um dos melhores restaurantes para observar tranquilamente a cidade Invicta.

"A seguir, vou mostrar-te esta mesma vista, mas de outro ângulo, na direção do mar. O melhor lugar para ver o pôr do sol mais bonito desta cidade," prometi à Nádia.

"Estou tão feliz por ter decidido vir visitar-te. Esta a ser um dia espetacular. Obrigada. Obrigada!" Agradeceu-me a Nádia.

Após o almoço, seguimos para o hotel *The Yeatman*, uma viagem de menos de 5 minutos.

Estacionei no parque de estacionamento inferior do hotel. Saímos do carro, entramos no elevador e subimos para o parque de estacionamento superior. Naquela subida curta, mas lenta, apreciei a companhia da Nádia, naquele pequeno cubículo, onde o perfumado odor do seu corpo dominava.

A porta do elevador abriu-se e aquela fragrância toda concentrada libertou-se. Então atravessamos esse segundo parque de estacionamento até a porta de entrada do hotel. Era a porta de acesso ao hotel para quem entrava pelo estacionamento.

Toquei à campainha do intercomunicador e a porta, segundos depois, abriu-se.

"Se gostaste da vista do restaurante, vais delirar com esta," avisei.

"Este hotel parece maravilhoso. É um hotel novo," comentou a Nádia.

"Abriu em 2010. Pertence aos Yeatman, uma família britânica, que está em Portugal desde o século XIX, ligada ao comércio do *Vinho do Porto*. É um dos melhores hotéis do Porto e o único com esta vista," disse, abrindo a porta para o grande terraço de onde se avistava, lá de cima, toda a cidade do Porto e os telhados das caves dos vinhos ainda na orla de Vila Nova de Gaia.

"Magnífico! Que vista!" Exclamou a Nádia sem conseguir articular mais palavras.

"Vem, vamos subir para o andar de cima, para o bar. Vamos para o terraço," propus-lhe ao mesmo tempo em que a puxei pela mão.

Subimos a grande escadaria de mármore onde havia um grande e largo tapete vermelho com frisos dourados nas pontas. Passamos a receção à direita e fizemos uma inversão de marcha em direção ao *lounge bar*.

"*Caudalie Vinothérapie SPA*. Deve ser uma maravilha," comentou a Nádia após ler um anúncio do *spa* do hotel.

"Sim, têm massagens e terapias à base de vinho com produtos *Caudalie* e tudo com uma vista fantástica," respondi.

"Que pena ter de voltar hoje para Vigo, senão podíamos fazer um *spa* juntos," lamentou-se a Nádia.

"Realmente. Até podíamos jantar aqui. O restaurante é excelente! Tnuma estrela *Michelin* conquistada pelas mãos do *chef* Ricardo Costa. Certamente está a caminho da sua segunda estrela e de certo alcançará o auge da sua terceira [entretanto o restaurante já conquistou a sua segunda estrela *Michelin*]. Em termos de cozinha, rivaliza na perfeição com a *Osteria Francescana* de Bottura ou com o *Le Calandre* de Alajmo, em Itália, mas com certeza supera qualquer um deles com esta vista magnífica. Vê daqui," disse-lhe assim que entramos na esplanada e a presenteei com aquela vista deslumbrante sobre o singelo e antigo Porto. Depois de alguns minutos em silêncio, apreciando a vista, acrescentei, "vês ali? Ao fundo é a Torre dos Clérigos, que visitámos esta manhã. Ali, ao lado, é a Sé do Porto e aqui, é a emblemática Ponte D. Luís I. Todas aquelas casas coloridas estão na zona da Ribeira do Porto. Lá em baixo, onde o rio serpenteia, está o mar, a foz do rio. Daqui não se vê o mar por causa daquelas colinas que o cobrem e das curvas que o rio faz, mas a foz é muito bonita também, principalmente ao pôr do sol."

"Obrigada. És um guia perfeito. Eu gosto muito de estar contigo," comentou a minha amiga antes de me dar um beijo de agradecimento.

"Senta-te aqui. O que queres beber?" Perguntei.

"Acho que vou beber um chá. Camomila se tiverem," respondeu.

"Por favor!" Chamei o empregado do hotel e pedi, "quero um chá de camomila e uma *Aperol Spritz*." Apontando para a nossa direita, acrescentei, "vamos ficar ali em baixo, naqueles sofás cinza, na esplanada, bem ao lado daquela estrutura de madeira arqueada."

Enquanto isso, o meu telemóvel tocou.

"Caro Osório, como vai? Já chegou ao *The Yeatman*?" Perguntei.

"Sim. Estou sentado no *lounge bar*, logo na entrada," respondeu o banqueiro privado.

"Querida, eu tenho de ir à casa de banho e resolver um assunto muito rápido. Importaste de ficar aqui sozinha por uns minutos a disfrutar desta vista magnifica e do teu chá de camomila que deve estar a chegar?" Perguntei à minha amiga.

"Sem problema. Vou aproveitar para ligar à minha filha," respondeu ela, descontraída.

Até já, despedi-me com um beijo singelo, suave e rápido e depois caminhei para dentro do hotel, para o *lounge bar* onde o Osório esperava por mim.

Quando entrei e o vi sentado no sofá do *lounge bar*, não estranhei que não viesse sozinho. Já esperava que viesse com alguém. A única diferença entre o que via e o que esperava, era a pessoa que o acompanhava, que não era aquela a quem eu queria chegar.

"Caro Osório, senhores. Posso pedir alguma coisa para beberem?" Perguntei.

"Não, obrigado, estamos bem. Almoçamos tarde e bebemos demais no almoço," respondeu o Osório enquanto o outro homem que o acompanhava assentiu, tentando oferecer um sorriso simpático.

"Por favor," chamei o empregado novamente e disse-lhe, "pedi uma *Aperol Spritz* e chá para a minha mulher que está lá fora. Podia trazer a minha *Spritz* para esta mesa?"

"Bem, este é o meu colega, Ricardo. Veio comigo porque é a pessoa certa para o ajudar no seu problema com as transferências de Angola," respondeu o Osório.

"Tudo bem! Estou interessado em ouvir," respondi enquanto me acomodava no sofá.

"Meu caro, primeiro preciso saber quanto, em kwanzas, precisa de desmobilizar de Angola e em quanto tempo?" Perguntou-me o Ricardo.

"Mil milhões," respondi.

"Um bilhão de kwanzas! São quase 3 milhões de euros à taxa de câmbio oficial," exclamou o Ricardo.

"Mais de 3 milhões. A taxa de câmbio oficial é 0,33 %," respondi.

"Sim, pormenores. E em quanto tempo? Em quanto tempo quer o dinheiro na Europa?" Questionou-me o Ricardo.

"O mais breve possível. Acredito que o kwanza vai valorizar e vamos chegar a valores de câmbio muito inferiores. Os 3 milhões serão reduzidos a 1 milhão se não retirar o dinheiro rapidamente de Angola," respondi.

"Tal valorização do kwanza face ao Euro não me parece possível. Transferir essa quantia para fora de Angola neste momento não é fácil. A repatriação desse dinheiro depende da origem, do local e do valor. Se não me engano, no mês passado a remessa total foi menor do que o valor que quer transferir," respondeu o Ricardo.

"Mas afinal veio aqui para me explicar as dificuldades ou para me trazer uma solução? Não tenho muito tempo e deixei minha mulher à espera para vir falar convosco," respondi, com uma pergunta retórica, tentando parecer irritado.

"De jeito nenhum. O Ricardo pode resolver esses problemas difíceis," interveio, imediatamente, o Osório, com todo o seu instinto comercial à flor da pele.

Enquanto isso, o empregado colocou na mesa uma base de papel para copos e a minha *Aperol Spritz*, acompanhada por uma série de aperitivos.

"Obrigado," agradeci ao empregado, assinando a fatura e colocando uma moeda de 2 euros ao lado.

"Meu caro, não sou eu que resolvo estas situações, mas sim uma outra pessoa, ligada a Angola e com vários interesses em Angola. No entanto, temos um problema," apontou o Ricardo.

"Caro Ricardo, veio aqui para me levantar problemas ou trazer soluções?" Perguntei, uma vez mais, ao Ricardo e depois virei-me para o Osório e perguntei, "trouxe o orçamento da reparação do carro? Isso é tudo que tenho aqui para resolver."

"O que eu quero dizer é…" estava o Ricardo a dizer quando o interrompi e, encarando o Osório, perguntei, "então, qual é o valor?"

"Está aqui. 575 euros," respondeu Osório enquanto tirava um envelope do bolso com o orçamento para me dar.

Enfiei a mão no meu bolso, tirei um envelope e, sem abri-lo, coloquei-o em cima da mesa, "estamos resolvidos?"

O Osório pegou no envelope e meteu no bolso enquanto o Ricardo tentava retomar a conversa, "meu caro, eu posso colocar o dinheiro em qualquer conta bancária na Europa em quinze dias ou menos. O problema é que tem de se reunir com outra pessoa, que é quem faz com que essas operações sejam possíveis. Mas ele é uma pessoa muito importante e, para se reunir consigo, precisa de referências. Por exemplo, a referência de algum cliente antigo do banco. O meu caro não tnuma conta connosco. Também tentamos obter informações da empresa onde trabalha e a única coisa que encontramos foi o *website* que tem no cartão que no dia do acidente deu ao Osório. Não temos nenhum dado seu além do seu nome."

"Osório, não conta o dinheiro?" Perguntei, olhando firme no Osório e desprezando o Ricardo.

"Não preciso. Se não quisesse pagar tinha ido embora na altura do acidente, mas está aqui com o dinheiro pronto para me pagar," respondeu o Osório.

"Está a ver Ricardo? A diferença?" Perguntei, retoricamente, agora a olhar nos olhos do Ricardo.

Aqueles dois não sabiam quem eu era, o que fazia e muito menos o que realmente queria deles.

Tinha-lhes revelado apenas o meu segundo e terceiro nome, escondendo propositadamente o meu nome e apelido.

A empresa, do cartão que tinha dado ao Osório no dia anterior, era uma fachada, um isco, criada para aquele trabalho em particular, que me obrigava a ter alguma reserva e cuidado. Tudo cuidadosamente preparado pela minha equipa de Madrid. O objetivo era conseguir uma reunião, fora do circuito normal, com uma pessoa que podia influenciar e dar-me informações sobre a votação na assembleia geral de acionistas de um banco com interesses em Angola.

Eles também queriam saber a origem dos kwanzas e se eu os tinha mesmo. Eu não tinha nenhum kwanza e nem fazia intenções de ter. A operação cambial, que eu sabia que eles faziam, cruzava remessas de dinheiro da Europa para Angola com remessas de dinheiro de Angola para a Europa. Na prática, eles faziam com que alguém que tivesse interesse em transferir dinheiro de Angola para a Europa transferisse os kwanzas, internamente, num banco Angolano, em Angola, para a conta de alguém que tinha interesse em transferir euros ou dólares para kwanzas e vice-versa. Simplesmente casavam as operações, sem que o dinheiro efetivamente saísse dos respetivos países. Mas para isso tinham de ter uma grande base de clientes com interesses em Angola, coisa que eles tinham, principalmente com a ajuda e controlo da pessoa a quem eu queria chegar.

"Querido! Vinha pedir a tua *Spritz* ao empregado, porque chegou o meu chá, mas não a *Spritz*. Mas vejo que já a tens," disse a minha amiga atriz que procurava o empregado.

"Já vou amor. Estou mesmo acabar a conversa com estes cavalheiros. Levo a *Spritz* comigo," respondi à Nádia e a imaginar a desculpa que teria que inventar se ela me chamasse de Octávio, o meu primeiro nome.

"A sua mulher parece-se com aquela atriz famosa, que fez novelas brasileiras e alguns filmes," observou o Osório, olhando para minha amiga e depois olhando para mim. Sem se conter, perguntou, "é a sua mulher?"

"É a minha mulher, sim. Embora às vezes atue muito bem, não é atriz. Mas tem muita gente que a confunde com uma atriz de telenovelas brasileiras, sim," respondi.

"O seu gosto por mulheres é invejável," comentou o Osório ironicamente, certamente referindo-se a uma outra amiga, enfermeira que ele mal tinha visto no dia do acidente.

"Bom, meus senhores, foi um gosto, boa tarde. A minha mulher espera-me," disse enquanto peguei na minha *Aperol Spritz* e me fui embora.

Regressei à companhia da minha amiga, para aproveitar um pouco mais aquele fim de tarde com vista sobre o Porto.

"Tens a certeza de que não queres ficar mais uns dias no Porto, pelo menos esta noite?" Perguntei à Nádia.

"Não posso. Tenho um jantar importante em Vigo hoje, às 10 horas. Tenho de apanhar o comboio," respondeu-me.

"Às 10!? Os espanhóis jantam tarde. Pelo menos vamos conseguir assistir ao pôr do sol. Eu levo-te a Vigo de carro e deixo-te a tempo do jantar," respondi.

O telemóvel tocou novamente. Era o número do Osório, o banqueiro privado. Eu já estava espera que ele me ligasse.

"Sim?" Atendi o telemóvel.

"Meu caro, dentro do envelope, estão 1000 euros. A reparação custa apenas 570 euros," respondeu o Osório do outro lado da linha.

"Acha que eu não sabia quanto estava no envelope? O resto é pelo inconveniente do acidente. Obrigado e desculpe pelo inconveniente," respondi, certo de que ele não me deixaria terminar a chamada.

"Meu caro! Meu caro!" Exclamou o Osório.

"Sim?"

"O Ricardo pode marcar um encontro consigo e o nosso contato de Angola. A pessoa em causa pode resolver o seu problema da transferência. Está disponível amanhã, às 15 horas, na zona da Boavista, no centro do Porto? Conhece o hotel *Sheraton*, na Rua Tenente Valadim, na mesma rua da sede do Banco BPI?" Perguntou-me o Osório.

"Estarei lá às 3 horas. Espero que seja para resolver o meu problema. Odeio perder tempo que não tenho," respondi e desliguei o telefone. Achei que talvez estivesse a ser um pouco agressivo e nada simpático a falar, mas não queira dar espaço para muitas perguntas às quais tivesse que mentir – odeio mentir, já omitir ou usar a verdade truncada era aceitável naquelas condições.

Passei um resto de tarde muito divertido com a Nádia no hotel *The Yeatman*. Depois do pôr do sol, paguei a conta do bar e partimos em direção a Vigo. Voamos aqueles 150 km no meu carro e, em pouco mais de uma hora, chegamos à porta do *Hotel Pazo Los Escudos*, iluminado pelos holofotes que lhe davam um amarelo quente e sereno. Foi uma despedida rápida, pois o jantar era às 22h e a Nádia ainda queria refrescar-se e trocar de roupa.

Regressei ao Porto, cheguei a casa e já era tarde.

Estava cheio de fome, pois os *snacks* que acompanharam as bebidas no hotel não substituíam uma boa refeição como aquela que eu estava a precisar.

Poucos restaurantes serviam àquela hora e também não me estava a apetecer jantar fora, mas sim relaxar em frente à televisão, sozinho, a comer uma refeição caseira e rápida de confecionar. É essa refeição, que preparei nesse dia, que partilho aqui, com quantidades para uma pessoa.

## Ingredientes

Para o arroz:

1. Água, 500 g;
2. Arroz, 100 g;
3. Manteiga, 20 g;
4. *Parmigiano Reggiano DOP*, 10 g;
5. Flor de sal, 3 g.

Para o molho:

1. Maracujá, 2 médios;
2. Sumo de limão, 14 g;
3. Sumo de laranja, 14 g;
4. Maionese, 14 g;
5. Açúcar mascavado, 6 g;
6. Flor de sal, 3 g.

Para guarnição:

1. *Mozzarella di bufala*, 175 g escorrida;
2. Salmão fumado, 100 g;
3. Tomates, 50 g;
4. Espinafres bebé, 20 g;
5. Pera, 1;
6. Maçã 1;
7. Ovo cozido, 1;
8. Bagas *goji*, 6 g;
9. Sementes de abóbora, 6 g;
10. Nozes, 12 g;
11. Maracujá, 1;
12. Pimenta preta, q.b.;
13. Orégãos secos, q.b.

## Preparação

Arroz:

a) Lave o arroz com água a correr e depois deixe-o escorrer completamente;
b) Coloque a água numa panela em lume forte;
c) Quando começar a ferver, junte a flor de sal e o arroz;
d) Cozinhe o arroz em lume brando de acordo com o tempo de cozimento indicado na embalagem;
e) Quando estiver pronto, escorra o arroz, misture a manteiga e depois o *Parmigiano Reggiano DOP*.

Molho:

a) Corte o maracujá ao meio e extraia a polpa;
b) Passe a polpa por um coador de forma a ficar apenas com o sumo;
c) Coloque a polpa de maracujá, o sumo de limão, o sumo de laranja e a maionese no liquidificador e misture por 1 minuto;
d) Depois junte o açúcar e a flor de sal e misture-os no liquidificador por 30 segundos;
e) Deixe repousar durante 15 minutos.

Guarnição:

a) Coloque os espinafres no prato, depois o tomate e regue com um pouco do molho feito;
b) Coloque no prato a pera e a maçã cortadas em pedaços e regue com mais um pouco do molho feito;
c) Desfaça a *mozzarella* com a mão em pequenos pedaços e espalhe pelo prato;
d) Corte o ovo em quatro pedaços iguais e coloque-o no prato;
e) Coloque um pouco de pimenta preta, moída no momento, sobre a *mozzarella* e o ovo;
f) Disponha o salmão fumado espalhado pelo prato;
g) Regue tudo com o resto do molho;
h) Corte o maracujá a meio e espalhe a polpa, com sementes, sobre o prato;

i) Coloque as bagas *goji*, as sementes de abóbora e as nozes espalhadas pelo prato;
j) Sirva com o arroz à parte;
k) Use o maracujá para decorar o prato e o arroz;
l) Acompanhe com um vinho *sauvignon blanc*, *chablis* ou *riesling*.

## §25

## *Bola de carne*
A fenda dupla, Porto, Portugal

Ao pegar no telemóvel para escolher quais músicas no *Spotify*, que ouviria enquanto regressava a casa de bicicleta, vi que tinha duas chamadas perdidas, ambas da Mariangela. Fazia muito tempo que não nos falávamos e não a via desde Roma.
Retribui-lhe as chamadas.
"*Ciao*, como estás?" Exclamou ao atender o meu telefonema.
"*Ciao*, bem e tu? Estou a devolver as tuas chamadas, pois só vi agora."
"Obrigada. É apropriado conversarmos? Estás sozinho?"
"Estou com a *Penelope*."
"Ah! Desculpa, falamos então mais tarde."
"Podes falar. A *Penelope* é minha bicicleta."
"Bicicleta? *Una bicicletta*? Penelope? É a marca da bicicleta ou o nome de alguma namorada?"
"É o nome de uma das maiores histórias de amor. O exemplo de um amor verdadeiro e perseverante."
"Octávio apaixonado."
"Fui eu que pintei e montei a bicicleta e por isso chamei-lhe de *Penelope Od 23290*. A minha marca."
"O que isso significa? Não me digas que esse é o número de corações quebrados até teres encontrado a Penélope, a tua namorada. O que se passa contigo?"
Eu ri e respondi, "OD é de Odisseia e o 23290 é a posição de uma linha escrita na Odisseia, a Odisseia de Homero. É a linha que ratifica o reencontro de Ulisses e Penélope, a sua amada mulher. É o final da Odisseia quando eles finalmente retornam ao seu leito conjugal, no fim do poema. Nessa linha está escrito, em grego

antigo, algo como: eles ficaram felizes em retornar ao ritual da sua antiga cama."

A Mariangela desatou-se a rir enquanto dizia, "então não é uma mulher. Não é uma paixão tua. É uma bicicleta, a tua bicicleta. *Penelope*, por causa da Odisseia. Só tu! Mas sabias que a Penélope era conhecida pela sua fidelidade a Odisseu, Ulisses, enquanto ele estava fora, apesar de ter muitos pretendentes e ser constantemente assediada? Isso não soa muito bem com o teu conceito de fidelidade."

"*Penelope* é a bicicleta, não eu," respondi, rindo-me. O bom humor entre nós dois tinha voltado aos nossos bons tempos e longe das comunicações geladas e frias desde que Mariangela voltou para o Mateo.

"Então, mas está tudo bem contigo? Tens vistos os *e-mails*? O nosso projeto está a correr bem, assim que conseguirmos as patentes e o fornecimento da fábrica espanhola, acho que devemos começar a produzir em escala mundial. Isso é disruptivo."

"Sim, eu tenho lido os *e-mails*. Aliás, tenho estado a trabalhar nesse projeto. Acho que vamos conseguir o que queremos. E tu, como estão as coisas com Mateo? Ouvi dizer que se vão casar. Ou já te casaste? Espera! Não me digas que estás a ligar-me para me convidar para o teu casamento?

Então, de repente, senti um silêncio ensurdecedor do outro lado da linha. Mariangela não respondeu.

"Mariangela? Estás aí? Estou?!" Perguntei na ausência de uma resposta e perante aquele silêncio.

"Sim. Estou a ouvir. Desculpa... O casamento foi cancelado por causa da Covid."

"*Yapp*! Com as restrições, não é a mesma coisa. O uso das máscaras... Nada como antigamente. Eu entendo. Um casamento deve ser perfeito e mágico, não algo assim. Mas ouvi dizer que as regras de Puglia são mais permissivas, podes-te casar lá. Puglia é uma belíssima zona litoral com um clima mediterrâneo fantástico, durante todo o ano."

"É o mesmo na Puglia ou aqui, há apenas algumas mudanças e eu não me quero casar em Puglia; não me diz nada."

"Então, está adiando *sine die*?"

"Sim. O Mateo acha que estou com desculpas porque não quero me casar e estou a aproveitar-me da pandemia. Resolvemos fazer uma pausa até que tudo isto se acalme. A pandemia está a mexer com a cabeça das pessoas."

"Tu o quê?"

"O quê, o quê?"

"Arranjar desculpas para adiar o casamento."

"O Mateo é muito perspicaz e impetuoso. Ele conseguiu um emprego como *sous-chef* num hotel e desistiu do restaurante que queria abrir em Milão, com o dinheiro que tinha economizado, comprou-me um anel de diamantes na *Tiffany*, caro, e pediu-me em casamento, em Paris. Senti-me presa pela atitude," comentou a Mariangela, em tom desabafo.

"Eu vi a foto no *Instagram*."

"Estás a seguir-me no *Instagram*?"

"Não. Mas mostraram-me."

"Estiveste com a Chiara?"

"Não, não a vejo desde a última vez quando estivemos todos juntos. Mas ela me mandou uma mensagem a dizer que te ias casar."

"A Chiara! Devia estar a verificar se tinha o caminho livre," disse a Mariangela, rindo.

"Então, o telefonema não era um convite de casamento?"

"Não! Definitivamente NÃO! Mesmo eu fosse casar, não te convidaria. Já sabes disso."

"A menos que eu fosse o noivo," disse rindo.

"Queres vir a Itália? Podíamos passar uns dias na Sicília ou na Sardenha. Com essa coisa de pandemia, quase não fui a lugar nenhum nos últimos meses. Preciso de arejar."

"Vou para Marbella. Tenho uma festa lá."

"Ah! Desculpa. Pensei que poderias estar livre. Eu nem te perguntei isso. Festa na pandemia?"

"É uma festa clandestina, mas todos serão testados na entrada. Queres vir?"

"Para Marbella, sul da Espanha, contigo? Agora mesmo! Quando?"

"Sexta-feira."

"Combinado."

"Então agora vou desligar, pois quero ver se chego a casa a tempo de preparar uma bola de carne para uns amigos que vão lá jantar."

"De carne? Tornaste a comer carne?" Perguntou a Mariangela, surpresa.

"Não. Mas os meus amigos sim. Vim ao supermercado de bicicleta comprar os ingredientes e agora quero ver se chego rápido a casa para começar a preparar tudo para o jantar."

"Bom! Parece que a pandemia não interrompeu a tua vida social."

"Mas salvou-te de cometeres um erro descomunal."

"Oh, *ma vaffanculo* [Oh, *****]," respondeu a Mariangela, com o seu vernáculo italiano.

"Bahh! Depois mando-te os horários, hotel, *etc.* da viagem a Marbella. Até logo! *Arriverderci!*"

"*Ciao!* Guarda um bocado dessa bola de carne. Quero provar em Marbella."

Fui para casa, de bicicleta, a pensar no casamento rompido da Mariangela.

Lembrei-me do dia que conheci a Astrid, em Barcelona. Antes, perto das 11 horas da manhã, estava sentado no *Terrazza Aperol Spritz* esperando pelo Pascual, um catalão nascido e criado na Catalunha, orgulhoso das suas origens e defensor da independência catalã. Ele trabalhava connosco há muito tempo, especialmente com a equipa de Madrid, apesar das discussões sempre acaloradas e às vezes quase violentas que ambos tinham sobre a independência da Catalunha.

Aproveitei, na altura, os minutos que faltavam para a reunião, para navegar pelo *Instagram* com o meu *sock puppet*. Fui ver o *Instagram* da Mariangela, obviamente. Não nos falamos desde a última vez que a vi, em Roma. O pouco que eu sabia era sobre o projeto do grafeno quando estava em cópia em alguns *e-mails*.

De repente, o Mateo estava em quase todas as suas fotos do *Instagram*. Paris, Bruges, Marrocos, Dubai e Amsterdão foram algumas das cidades que pude constatar que eles tinham visitado, juntos. Mas havia ali uma foto que me tinha chamado a atenção, sem ninguém, apenas uma mesa num jardim, com uma garrafa de *Grotte Rosse di Leonardo Salustri* já aberta, uma taça e um *decanter* com aquele tinto 100 % de uvas *sangiovese*. A Mariangela sabia que depois do *Amarone*, aquele vinho, de cor rubi, vivo e luminoso, com aromas de amarena e especiarias doces, encorpado, intenso e persistente na boca, era um dos meus vinhos preferidos. Mas o que me chamou verdadeiramente à atenção foi a cadeira de ferro com almofadas cor de laranja, os guarda-sóis, as árvores, o mar ao fundo e as *hashtags #beiricordi #mimancadamorire*.

O que ela quis dizer com as *hashtags* 'belas lembranças' e 'sinto muito a tua falta'? Ela estava a referir-se ao lugar? Ou às memórias distantes de nós os dois ali? Não importava...

A Mariangela esteve, aparentemente sem o Mateo, no hotel *Il Pelicano*, em Porto Ercole, na Toscana, e publicou no *Instagram* a foto daquele lugar onde nos conhecemos, onde nos amamos e passamos bons momentos.

A resposta, aparentemente, vinha noutra foto: a mão da Mariangela, estendida no ar e com a torre Eiffel ao fundo. No dedo tinha cravado um anel de noivado, onde o diamante, aparentemente com mais de 1 quilate, cor perfeita, certamente um E ou D, e uma clareza que andaria em VVS2, VVS1 ou mesmo IF, difícil de perceber pela foto, mas notoriamente um excelente diamante, foi acompanhada pelas *hashtags*: *#marriageproposal #proposal #isaidyes #engaged #diamondring #tiffany*.

A Mariangela estava noiva, foi o que pensei na altura. A garrafa de *Grotte Rosse* deveria ter sido a sua despedida de solteira, solitária. Pensei, perante aquilo tudo, que o novo restaurante do Mateo, que nunca tinha visitado, devia estar a funcionar bem, pelo que poderia ter comprado um anel *Tiffany* de pelo menos 50.000 euros.

Mas agora tudo tinha ficado claro. A Mariangela tinha dito SIM quando devia e queria ter dito NÃO.

A Sandra, minha amiga, tinha-me vindo ajudar a preparar as entradas, para o grupo de amigos que iria receber mais tarde.

Desabafei com ela o sucedido com a Mariangela. A Sandra era sempre uma boa ouvinte e boa conselheira. Mas naquele momento, aparentemente, parecia estar mais interessada em aprender a fazer a bola de carne, daquela receita fabulosa do meu pai. A forma como me observa desconcentrava-me.

"Porra Sandra! Estas a desconcentrar-me. Vai sair tudo mal."

"Ah! Eu é que te estou a desconcentrar. Parece-me mais que estás desconcentrado é por causa do telefonema que recebeste hoje," comentou a rir-se.

"É o Gato de Schrödinger," respondi-lhe, uma vez que a Sandra era uma mulher de ciências.

"O efeito do observador na mecânica quântica…" acrescentou a Sandra, quando eu a interrompi.

"Sim, o gato vivo ou morto. Quando abres a caixa para verificar se esta vivo ou morto podes ser a responsável pela vida ou pela morte do gato. É o que estás a fazer com a minha bola de carne."

"Sabes, o efeito do observador aplica-se mais à tua estória com a Mariangela," comentou a Sandra, mostrando que tinha estado atenta a tudo que lhe tinha contado sobre o telefonema da Mariangela e as minhas investigações no *Instagram*.

"Como assim?" Perguntei, curioso.

"Ainda antes da física quântica, do Gato de Schrödinger, em 1801, Thomas Young realizou uma importante experiência sobre a teoria ondulatória. Ele usou uma fonte de luz monocromática e três telas pretas que funcionavam como barreiras à luz projetada por essa fonte. Essas telas detinham a luz, porém, na primeira tela, havia um pequeno orifício. Assim, a luz monocromática batia nessa tela escura e era retida, passando apenas através do pequeno orifício para a tela seguinte. Nesse momento, ocorrida primeira difração da luz proveniente dessa única fonte monocromática. Estás a acompanhar-me?" Perguntou a Sandra.

"Sim, até quero ver como é que vais meter a física quântica na minha cena com a Mariangela."

"Então… Na tela seguinte, em vez de apenas um, havia dois orifícios feitos lado a lado. A luz, proveniente sempre da mesma fonte, que tinha passado pelo orifício anterior, era retida nessa nova tela escura, passando unicamente através desses dois novos orifícios. Então, aconteciam novas difrações com a luz já difratada no primeiro orifício."

"Que confusão!" Exclamei e acrescentei, "mas estou a perceber, continua."

"Ok! No entanto, na primeira difração, através do orifício da primeira tela, a luz atingia a tela seguinte toda por igual, sem interferências. Mas quando essa mesma luz passava pelos dois orifícios da segunda tela, a luz era difratada criando um padrão de franjas de interferência."

"Como assim?" Perguntei.

"A luz que vinha da mesma fonte, passava primeira no orifício da primeira tela, depois, essa mesma luz, passava nos dois orifícios, muito próximos, da segunda tela e aí alteravam o seu comportamento, devido a um padrão de interferência."

"O que acontecia à luz?"

"A luz, depois de passar nos dois orifícios, não atingia da mesma forma a terceira tela preta. Apareciam faixas claras, de luz, intercaladas com faixas de sombra, sem luz. Se pesquisares na internet encontras várias imagens ilustrativas e percebes logo."

"Eu percebi. O que tem isso a ver com a Mariangela."

"Para Young, essa experiência, proveniente da mesma fonte monocromática, era uma onda que passava na primeira tela, apenas com um orifício, e não se dividia e nem tinha interferências atingido sem falhas a tela seguinte. Mas quando essa luz passava pelos dois orifícios –a que se chama dupla fenda– dividia-se, formando duas ondas que se propagavam, interferindo uma com a outra, causando as franjas de luz e sombra ao atingir a última tela. É o mesmo que se passou com a Mariangela, a relação dela com a Mateo passou a interferir na forma como ela se projetava, nesse caso em ti. A vossa relação, depois que ela regressou para o Mateo, era assim, intermitente, com franjas de luz e franjas de sombra," explicou a Sandra, a rir-se muito.

"Tens de meter sempre a física quântica em tudo. Mas o que isso tem a ver com a separação deles agora?"

"Ah! A física quântica entra é agora. Pois, com o advento da física quântica, foi possível postular o conceito da dualidade onda-partícula: em que a matéria e a energia, aos seus níveis mais fundamentais, de acordo com o tipo de interferência a que são submetidas, registam um comportamento ora como ondas, ora como partículas. Isto, porque foi observado que os eletrões produzem franjas de interferência quando submetidas à tal fenda dupla, tal como se fossem ondas, e que a luz, sob certas condições, produz um sinal sem interferência, como se fosse feita de partículas."

"Estou a tentar acompanhar o teu raciocínio," respondi, para lhe garantir que estava a perceber e que a explicação podia continuar.

"Quando se procurou descobrir por qual dos dois orifícios, neste caso a Mariangela ou o Mateo, colocados na segunda tela, passou a partícula ou onda que resultou na interferência, ao destruir o padrão anterior, observou-se que a tentativa de observação da experiência alterava o seu resultado. Isto acontecia, porque para registar as ondas, foi colocado um sensor junto de um dos orifícios da segunda tela. Com essa interferência (do sensor) as franjas de luz e sombra foram substituídas por uma mancha contínua projetada na última tela. Tal como se a luz estivesse a passar diretamente pelos orifícios sem qualquer interferência. Percebes-te onde entras tu?"

"Explica-me," pedi, pois não tinha percebido o meu papel na física quântica da Sandra, embora pudesse imaginar que eu seria o sensor.

"És o sensor. Em termos análogos ao da experiência de Young, podemos dizer que duas pessoas próximas, partilhando a mesma vida, vão necessariamente interferir nos resultados uma da outra. Foi assim que aconteceu com o Mateo e a Mariangela e os resultados projetaram-se com essas interferências. Mas depois temos-te a ti, és o sensor que foi colocado para observar os resultados. Foi quando andaste a espiar o *Instagram* da Mariangela. Alteraste os resultados e agora já não há casamento."

"Que rebuscado Sandra. Mas é uma teoria engraçada. Isso também se aplica no caso da bola de carne. Vamos ver o resultado, seja com a interferência da Mariangela, ou com a tua a observares-me, acho que me enganei na quantidade de água," respondi, a rir-me.

## Ingredientes

1. Farinha de trigo tipo 55, 500 g;
2. Margarina para folhados, 375 g;
3. Água, 200 g;
4. Flor de sal, 6 g;
5. Fiambre, q.b.;
6. Mortadela simples, q.b.;
7. Bacon fatiado fino e magro, q.b.;
8. Chourição fatiado, q.b.

## Preparação

a) Dissolva o sal na água;

b) Amasse, à mão, a farinha com a água;

c) Bata (sove) a massa na pedra de um balcão, até ficar homogénea;

d) Estenda a massa com um rolo até atingir a espessura de 0,5 cm;

e) Barre toda a superfície da massa estendida com margarina para folhados e depois dobre a meio;

f) Estenda novamente a massa com o rolo até atingir a espessura de 0,5cm;

g) Torne a barrar toda a superfície da massa estendida com a margarida para folhadas e depois dobre ao meio;

h) Repita os dois passados anteriores até a margarida para folhados acabar;

i) Deixe descansar a massa por 10 minutos;

j) Estenda a massa de forma a fazer um quadrado;

l) Por cima de 1/3 da massa estendida, coloque o fiambre e a mortadela;

m) Dobre esse um 1/3 sobre outro 1/3 da massa;

n) Coloque sobre a meação do último 1/3, o bacon e o chourição;

o) Leve ao forno pré-aquecido a 200 °C, por 35 minutos, até a massa ficar dourada.

p) Corte em fatias e sirva com um vinho *Grotte Rosse, Pinot Noir, Rioja Grand Reserva, Brunello di Montalcino* ou *Syrah*.

RECEITAS & ESTÓRIAS

# Índice

Prefácio ................................................................................. 9
Prólogo ................................................................................ 13
Introdução .......................................................................... 19
    *Risotto ai funghi porcini con tartufo bianco* ............ 21
    *Le sfogliatine con crema al pistacchio* ..................... 25
    *Mousse de queijo ricotta, licor Mistra e cafe em po* . 31
    *Torta di ricotta ai pistacchi* ...................................... 35
    *Gelato Cremino* ......................................................... 39
    *Cioccolato Cremino* ................................................... 43
    *Tagliolini com Taleggio e trufa preta* ...................... 49
    *Concombres et oeufs de saumon* ............................... 53
    *Semifreddo alla cassata* ............................................ 59
    *Muffins lavande-citron avec cremeux citron* ............ 64
    *Pasta alla genovese* ................................................... 69
    *Tiramisu e mousse de chocolate combinados* ........... 73
    *Tomates Provencais* ................................................... 79
    *Cassata siciliana* ........................................................ 83
    *Lagosta e espargos em manteiga de baunilha* .......... 89
    *Toucinho do céu do convento de Odivelas* ................ 93
    *Bruschetta* .................................................................. 97
    *Limoncello* ............................................................... 103
    *Gelato di ricotta Paradiso* ...................................... 107
    *Zagablione siciliano* ................................................ 123
    *Esturjao com uvas marinadas* ................................ 127

*Empanada galega* .................................................. *133*
*Gnocchi alla sorrentina* ........................................ *139*
*Salada de mozzarella e salmao fumado* ................. *145*
*Bola de carne* ..................................................... *161*
Índice ........................................................................171
Índice remissivo.........................................................173

# Índice remissivo

| | |
|---|---|
| Bola de carne | 161 |
| Bruschetta | 97 |
| Cassata siciliana | 83 |
| Cioccolato Cremino | 43 |
| Concombres et oeufs de saumon | 53 |
| Empanada galega | 133 |
| Esturjao com glace de vinagre balsamico | 127 |
| Gelato Cremino | 39 |
| Gelato di ricotta Paradiso | 107 |
| Gnocchi alla sorrentina | 139 |
| Lagosta e espargos em manteiga de baunilha | 89 |
| Le sfogliatine con crema al pistacchio | 25 |
| Limoncello | 103 |
| Mousse de queijo ricotta, licor Mistra e cafe em po | 31 |
| Muffins lavande-citron avec cremeux citron | 64 |
| Pasta alla genovese | 69 |
| Risotto ai funghi porcini con tartufo bianco | 21 |
| Salada de mozarela e salmao fumado | 145 |
| Semifreddo alla cassata | 59 |
| Tagliolini com Taleggio e trufa preta | 49 |
| Tiramisue mousse de chocolate combinados | 73 |
| Tomates Provencais | 79 |
| Torta di ricotta ai pistacchi | 35 |
| Toucinho do ceu do convento de Odivelas | 93 |
| Zagablione siciliano | 123 |

## RECEITAS & ESTÓRIAS

Para aprimorar a experiência de leitura, as estórias e histórias deste livro foram criativamente reorganizadas no tempo. Algumas incluem um toque de fantasia para maior deleite. Embora inspiradas em experiências reais e pessoas reais, os nomes podem ter sido alterados para proteger a privacidade.

www.ingramcontent.com/pod-product-compliance
Lightning Source LLC
LaVergne TN
LVHW041946070526
838199LV00051BA/2922